amazonのすごい会議

ジェフ・ベゾスが生んだマネジメントの技法

東洋経済新報社

はじめに

なぜ「アマゾン」の会議に学ぶのか？

アマゾン会議の不思議なルール

「会議は沈黙から始まる」

「会議の資料は２種類のみ。１ページか６ページ」

「パワーポイントは不可、文章で書く」

「出席者の数の上限は〝ピザ２枚分〟」


みなさんは、アマゾンで行われる会議の、こんな噂を聞いたことがありますか。

「自分の会社で行われている会議のやり方とちょっと違うようだな」と、興味を持った方もいるでしょう。「そもそもなぜアマゾンは、そんな会議の仕方をしているのだろうか」と不思議に思った方も少なくないと思います。

実は**アマゾンの会議には、創業者ジェフ・ベゾスを中心としたアマゾンの経営陣が、様々な試行錯誤の中生み出した英知が詰まっています**。そのノウハウの中にはきっと皆さんの職場で役に立つアイデアや考え方が詰まっていると私は考えます。

本書では、そんなアマゾンの会議の秘密やそのやり方を解説し、皆さんの疑問にお答えしたいと思います。

世界一となった最強企業

アマゾンと言えば、グーグル、アップル、フェイスブック、ネットフリックスなどのインターネット系新興企業と一緒に「GAFA」や「FANG」と呼ばれる、世界屈指の先進企業です。

もともとは1995年に米国ワシントン州シアトルで誕生したベンチャー企業で、起業当初はベゾスの自宅のガレージを倉庫代わりに利用した本当に小さな会社でした。それが創業20年余りで、日本だけでも数千人のスタッフを抱え、全世界では数十万人を雇用する

アマゾンの創業者　ジェフ・ベゾス（写真：AP／アフロ）

巨大企業へと成長を遂げました。２０１８年12月には、アップルやマイクロソフトを抜き去り、**時価総額で世界一**の企業になりました。

そんなアマゾンに私が入社したのは２０００年７月のことです。新卒で入社した日本企業を７年目で退職し、アマゾンジャパンの立ち上げメンバーとなりました。その後15年間にわたって、サプライチェーン、書籍の仕入れ、倉庫のオペレーションなどを担当し、国内フルフィルメントセンター統括ディレクターを経て、２０１６年に退社し独立しました。

日本企業の会議は非効率の山

退職後は、コンサルティングや研修などを通して、**アマゾンで習得したベストプラクティス（効率の良い手法）を企業に紹介する**活動に携わっています。アマゾンでは組織や業務など常に改善を続けてきたので、そこで培った知識を使いながら、人事制度なども含めた経営改善のアドバイスもよく行います。

そうした仕事では、クライアント企業と打合せをしたり、社内会議に出席したりすることがありますが、その際にいつも「アマゾンで行われていた会議と違うな」と感じるのです。少し踏み込んで言うと、「**効率的・生産的ではない**」のです。

思い出してみてください。皆さんが普段行っている会議とはどんな会議でしょうか。

何か重要なことを決めるからと、大会議室に多数の関係者が集められる。

分厚くて読み切れないような会議資料が配られる。

担当者がプレゼンし、質疑応答もあるが、発言するのは偉い人たちか、一部の人。

あれこれ話しても何も決まらずに、次に持ち越しという結果に。

長い時間をかけた割には何も決まらず会議室を退室する。
また来月もこれをやるのかと思いながら……

本書を手に取った多くの方が、このような経験をされているのではないでしょうか。
会議に多大な時間と労力を費やしている割には、「**アイデアが活発に出ない**」「**意思決定が遅く決まらないことが多い**」。実際私が参加したクライアントの会議でも同様の光景を何度も目にすることがありました。

なお、クライアント企業の名誉のために申し添えておきますが、これは何も特殊なことではなく、多くの企業で見られることだと思います。日本の大手企業でも働いた経験があるのでわかるのですが、同じようなものでした。アマゾンの会議と比べ、日本企業の会議は総じて非効率なのです。

もちろん、だからといって本書でアマゾン流会議のやり方を全面的に礼賛するわけではありません。そもそも、国や企業、部署によって、事情やカルチャーは異なります。古今東西、絶対正しい会議の方法というものが存在するとは思えません。

しかし、15年間アマゾンで働き、その「会議のやり方」で、他企業では考えられないいくらいのスピードで様々な事業や仕事を進めてきた私は、ぜひ皆さんに「アマゾン流会議」のやり方を知ってほしいと思うのです。きっと皆さんの悩みを解決するヒントが、いくつか、もしかしたらたくさん得られると思うからです。

会議がアマゾンの躍進を支えた

アマゾンは当初、書籍の販売で事業を開始しました。でもさすがに今ではアマゾンを本屋だと思っている方は少ないと思います。そのサービスと品揃えはまさに百貨店、ネットのデパートという様相です。

ｅコマース、マーケットプレイス、アマゾンプライム、ＡＷＳ（クラウドサービス）、キンドルなど、数え上げればキリがありません。近年ではネット上のビジネスだけではなくリアル店舗への進出も果たし、２０１５年にはリアルの店舗1号店となるAmazon Booksをシアトル近郊に開店しました。２０１７年には米国の高級スーパー、ホールフーズ・マーケットも傘下に収めました。翌年２０１８年に立ち上げた、レジを通さず買い物ができるコンビニ型店舗のAmazon Goも注目されています。

これらはすべて大きな成功を収め、アマゾンの事業拡大に大きく貢献している事業です。もちろん、全部がうまくいったわけではありません。２０１４年に米国で鳴り物入りで発売されたFire Phoneのように、早々に撤退した事業もあります。

ここで強調したいのは、アマゾンが、**様々な事業を次々に生み出し、同時展開し、急成長を遂げている巨大企業**だということです。

事業の数が増えれば、プロジェクトの数も増えます。多数の部署が絡む長期にわたる大型プロジェクトから、ソフトウエアやプロダクトラインのローンチなど短期的で小さなプロジェクトに至るまで、アマゾンでは常に膨大な数のプロジェクトが進行しています。

そして**プロジェクトの成否を決めるのは、会議**なのです。

新たな企画やアイデアを考える。
ビジネスプランを検討する。
意思決定する。
進捗状況を確認する。
Etc.

プロジェクトの成否は、こうした会議を、素早く、精度高く実行できるか否かにかかっています。そして、**常に膨大な数のプロジェクトを抱え、それに比例して増加する会議をいかに洗練させるかを考え、実行してきた企業がアマゾン**なのです。その試行錯誤の蓄積は、会議で悩むすべてのビジネスパーソンにとって、なんらかのヒントになるはず。これが、私が「アマゾンの会議」について出版しようと思った、2つ目の理由です。

新規事業を創出したい。

会議で出されたアイデアやプランを、しっかり立ち上げ、軌道に乗せたい。

そういったことが当たり前に行われる、強い組織を作りたい。

本書は、そうした悩みを抱える読者にとって、きっとお役に立つことと思います。

4つの会議と本書の構成

アマゾンで開かれる会議には、次の4つの種類があります。

決裁を仰いだり、物事を決めて合意を形成したりする**「意思決定会議」**
新しい施策やサービス、ビジネスなどを考え出す**「アイデア出し会議」**
みんなが知るべき情報を報告したり共有したりする**「情報伝達会議」**
決定事項の実施状況を追跡・確認する**「進捗管理会議」**

これらはどの会社でも当たり前に開かれている種類の会議だと思います。その中で本書でご紹介するのは「意思決定会議」「アイデア出し会議」「進捗管理会議」です。**「情報伝達会議」はアマゾンでは、できるだけ無くしたほうがいい会議と考えているの**で、本書では言及しません。ＣＨＡＰＴＥＲ０でその点をまず説明します。

その後本書は６つの章に分けて、会議に関わるポイントを説明していきます。

ＣＨＡＰＴＥＲ１「**アマゾン流　資料作成のルール**」では、短時間で正確な意思決定をするための工夫として、独自形式の資料にこだわる理由や、その背後にあるシンキング・バックワーズの考え方などを紹介します。会議の効率化は、資料の作り方から始まっているのです。

CHAPTER2「**アマゾン流　意思決定会議**」では、物事を的確に決めていくための基本的な会議の進め方やポイントを整理します。また、議論を活性化させるファシリテーションのコツについても紹介します。

CHAPTER3「**アマゾン流　アイデア出し会議**」では、アイデア出しに適したブレインストーミングや、職場環境を離れるオフサイト・ミーティングの注意点を取り上げます。

CHAPTER4「**アマゾン流　進捗管理会議**」では、PDCAサイクルを回すために会議で決めるべき内容や、プロジェクト終了後のポストモーテム（191ページ参照）まで組み込む必要性など、プロジェクトを確実に遂行するためのポイントを解説します。

CHAPTER5「**アマゾンのOLP**」では、アマゾンが提唱する14カ条のリーダーシップ理念の中から、会議に関係する項目を抽出して紹介します。

なぜ会議の本なのに、アマゾンのリーダーシップ理念について紹介するのでしょうか。「私はアマゾンの会議に興味があるだけで、理念はどうでもいいんだ」と思う方もいらっしゃると思います。しかしこのCHAPTER5はぜひお読みください。

アマゾンの会議のベースにある基本思想は、この「OLP（Our Leadership Principles）」

というリーダーシップ理念です。これはアマゾンの社員のあるべき姿を定義したもので、社内のすべての仕組みはこれに基づいて設計されています。

つまり、**アマゾンの会議で建設的な議論が実施されているのは、ＯＬＰが暗黙の前提となっているから**という点が大きく、逆に言うと、こうした理念を考慮せず、形だけマネをしてアマゾン会議を導入しようとしても、うまく機能するとは考えにくいのです。ある意味、本書で一番重要なポイントです。

ＣＨＡＰＴＥＲ６「**会議をスリム化するヒント**」では、会議の回数、出席者、時間という、日本企業で多く見られる課題の解決策を考えてみたいと思います。

アマゾン会議は日々進化している

先ほど「アマゾンの会議のやり方が絶対正しいとは考えていない」と述べましたが、そもそもアマゾンにも、公式に決められた会議のルールがあるわけではありません。

アマゾンは１９９５年に誕生したベンチャー企業で、20年余りで世界有数の大企業へと成長を遂げたわけですが、その過程で、社員が前職で経験してきたやり方、本で読んだこと、人から見聞きしたことなどを互いに持ち寄って、仕事の進め方、会社の制度、組織のあり方を検討し、うまくいくかどうか試しては取捨選択をしてきました。

たとえば、私が入社した当初の会議では、多くの会社と同様、パワーポイントを使ったプレゼンテーションが多用されていました。ところが、5年くらい経った時点で、会長のジェフ・ベゾスが突然、「パワーポイントは禁止」と言い出したのです。

ちょうど展開エリアが拡大し、組織が大きくなっていった時期でした。それまではベゾスにもプレゼンテーションをする人の顔が見えて、資料の中で不明な点があれば、すぐに聞くことができました。

それが、人数が増え、人の顔と名前が一致しなくなり、箇条書きで書かれたパワーポイントの行間がうまく読みとれなくなったのです。それなら言葉を省かず、考えていることを全部説明する「ナレーティブ」、つまり、文章で書くスタイルがいいと思ったのでしょう。

また技術やツールの進化に伴い、低コストで高品質のテレビ会議システムが利用できるようになるなど、仕事をする環境は刻々と変化しています。リモートで働くなど人々の働き方も多様になっています。その中で、今はベストのやり方でも、見直しをして、時代に合った会議スタイルを模索していくことは重要です。

もちろん、変わる部分もある一方で、変わらないものもあります。たとえば、アマゾンの会議のベースにある基本思想、「ＯＬＰ」というリーダーシップ理念です。ＣＨＡＰＴＥＲ５で詳しく取り上げますが、これはアマゾンの社員のあるべき姿を定義したもので、社内のすべての仕組みはこれに基づいて設計されています。

繰り返しになりますが、アマゾンの会議で建設的な議論が実施されているのは、ＯＬＰが暗黙の前提となっているからという点が大きいと思います。

社内で**変革を行うときには、背後にある暗黙の前提や価値観を勘案する**ことが大切です。その上で、自社の会議のどこをどう変えるべきか、どこを変えてはいけないのかと考えていくと、それぞれに合ったスタイルが見つかり、環境変化に合わせて進化させられるのではないかと思います。

日々の会議の生産性を高めるヒントとして、本書を役立てていただければ幸いです。

amazonのすごい会議

CONTENTS

CHAPTER 1

会議の効率化は資料作りから始まる

アマゾン流 資料作成のルール

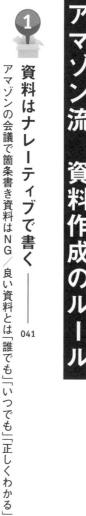

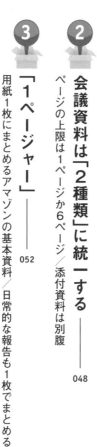

CHAPTER 2

アマゾン流 意思決定会議

最速で最高のジャッジを下す

CHAPTER 3

新規事業や改善提案が次々に生まれる
アマゾン流 アイデア出し会議

CHAPTER 4

プロジェクトを確実に前進させる
アマゾン流 進捗管理会議

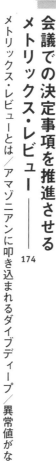

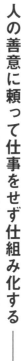

CHAPTER 5

会議を機能&活性化させる アマゾンのOLP

CHAPTER 6

我が社の会議、どこから手を付ける？
会議をスリム化するヒント

CHAPTER 0

改善に着手する前に
考えたいこと

アマゾンが「減らしたい会議」「増やしたい会議」

「情報伝達会議」は減らす

「変える」より「無くす」ほうがいい会議

自社の会議のやり方に不満を感じ、変えたいと思っている。そんな読者の方々に向けて、本書ではアマゾンの会議のやり方をご紹介していこうと思います。

ですがその前に、ぜひ一度立ち止まって考えていただきたいことがあります。それは**「その会議は本当に必要なのか」**ということです。

会議をより良いものに変えていこうという、その気持ちは理解できます。しかし、**「会議を変える」「改善する」ことが目的となってしまうことは危険**です。なぜなら、目的はあくまで「企業の活性化」や「業務の効率化」であるべきだからです。会議を変えるより、会議を無くした方がその目的にかなうなら、そうすべきです。

「情報伝達会議」について紹介しない理由

「はじめに」で述べたとおり、本書ではアマゾンで行われている「意思決定会議」「アイデア出し会議」「進捗管理会議」３つの会議に絞って紹介します。

「情報伝達会議」は、アマゾンでも存在しますが、これはご紹介しません。その理由をここで説明しておきましょう。

会議の生産性が低いと感じる場合、そもそも**無駄な会議が多すぎる**ことが原因かもしれません。そして４タイプの会議のうち特にメスを入れるべきなのが「情報伝達会議」です。

「情報伝達会議」は、組織の中で何が起こっているか、どういう方向に進むかを共有する上で重要です。また、人事通達が出されたときなどに、誰かが辞める、異動するということを伝えるのは、上長の重要な役割です。

その一方で、特に伝えるべき情報はないけれど、週次で部門ミーティングを開くことが決まっている、あるいは、上位層の会合に出たからと、上長がみんなを集めて、必ずしも伝える必要のない内容を話すような会議を開いていないでしょうか。

組織に数多く存在する「情報伝達会議」は、当初は目的を持って開始されたものだと思います。しかし、現在ではしがらみや習慣で続いていることもよく見受けられます。こうした会議では、誰か1人が話している間、他の人は待機状態になり、生産性を下げる元凶となっています。

「情報伝達会議」は、基本的にやる必要はありません。まず、上司だけが知っておけばいいことか、みんなに共有すべきかをきちんと精査すべきでしょう。その上で、必要性のない「情報伝達会議」はどんどん減らしていきましょう。

関係者に直接伝えれば済む内容について、わざわざ時間をとってみんなを集めるのは、無駄以外の何ものでもありません。

本書を読んで「我が社の会議のやり方を変えよう」と考える前に、特に「情報伝達会議」については、「そもそもあの会議は必要なのだろうか」と考えることが、とても大切なことです。

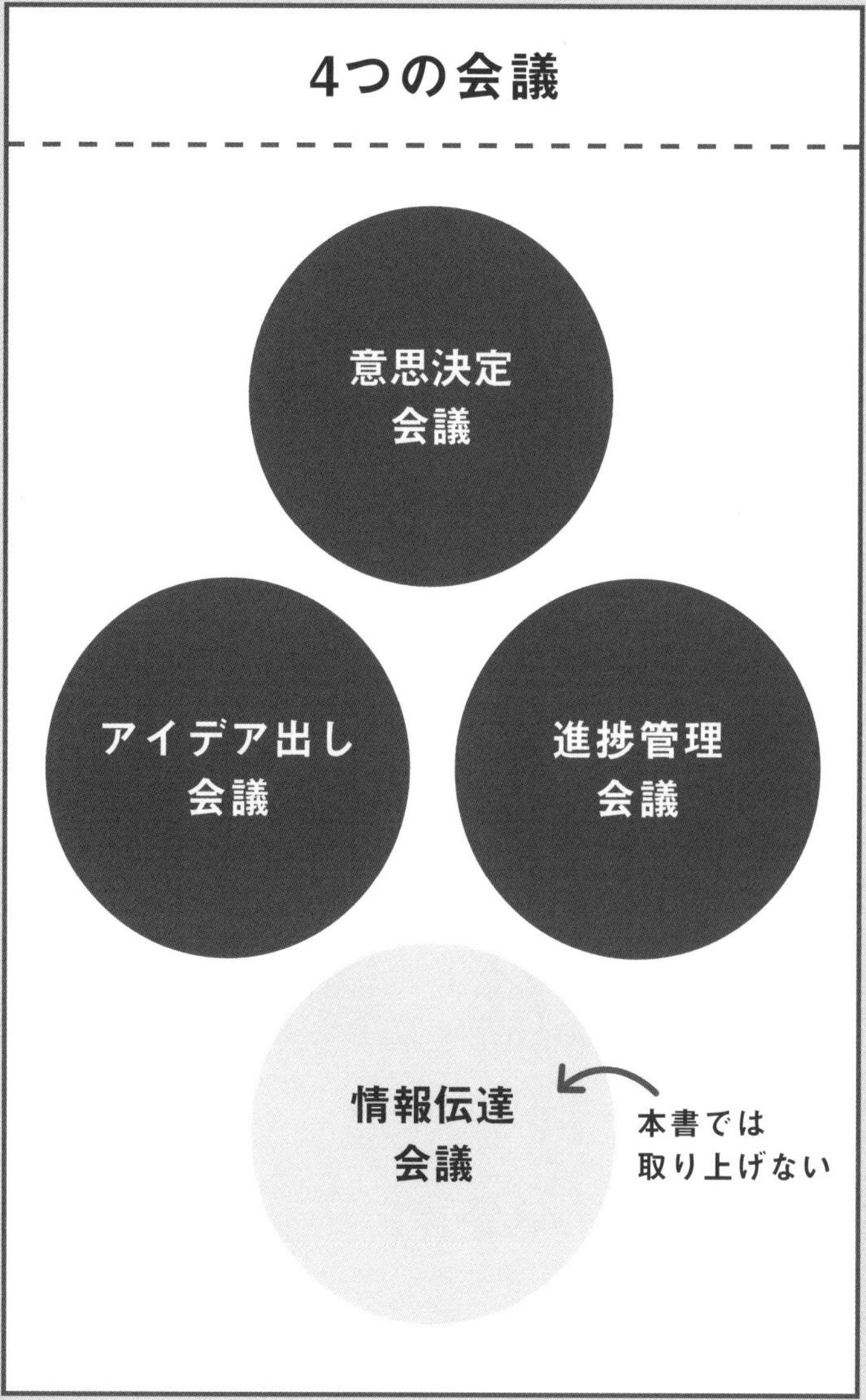
4つの会議
意思決定会議
アイデア出し会議
進捗管理会議
情報伝達会議
本書では取り上げない

「ワン・オン・ワン」を増やす

コミュニケーションの密度を高める

「会議を減らしては、みんなとコミュニケーションを取る機会が少なくなるのでは」と危惧される方もいるでしょう。確かに、組織内でコミュニケーションの回数が減ることは、好ましいこととは言えません。

　であるならば、多くの人が一斉に集められてアイドリング状態になる「**情報伝達会議**」の代わりに、部下と1対1のミーティング「ワン・オン・ワン」（One-on-One）の場を増やしてはどうでしょうか。

アマゾンでは、**「ワン・オン・ワン（1対1）」でのコミュニケーションが定期的に行われます**。これは通常1週間に1回、少なくとも2週間に1回程度行われ、基本は直属の上司と部下の間で行われます。

プライバシーが確保できる環境の中で、目標の進捗などを確認するために行われますが、業務の話だけではなく、私生活や相談事なども含めて話し合われます。

「情報伝達会議」のように、みんなを集めて会議で発言させるよりも、「ワン・オン・ワン」で個別に話したほうが、情報をきちんと引き出すことができます。いったん話を聞いて、みんなに共有すべき情報だという判断をしたら、その人に「みんなにも共有しておいて」と言えば十分ということもよくあります。

現在行われている「情報伝達会議」には、すでにその役目を終えているものであったり、別のより密なコミュニケーションを行うことで代替できるものが多く存在したりしています。

もし「無駄な会議が多い」という感覚をお持ちであれば「情報伝達会議」を減らし「ワン・オン・ワン」を増やすという視点も、ぜひ取り入れてください。

「情報伝達会議」を減らし「ワン・オン・ワン」を増やす

無駄であることが多い「情報伝達会議」

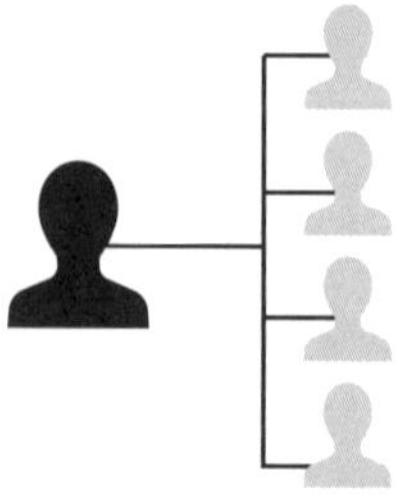

- メールの一斉送信でもいいのでは……
- アイドリング(待機)状態になる参加者も
- 惰性で定期的に行われていることも……

►►► **「改善する」より「無くす」か「減らす」**

メリットの多い「ワン・オン・ワン」

- 密度の濃いコミュニケーションが可能
- 時間や場所の制約も少ない
- 部下の評価も適切にできる

►►► **もっと「増やす」**

「ワン・オン・ワン」は評価制度にも好循環をもたらす

アマゾンでは、1〜2週間に1度、「ワン・オン・ワン」ミーティングが開かれるのですが、日本企業ではそこまで頻繁に上司が部下と「ワン・オン・ワン」で話をする機会は、まだあまりないようです。

これはおそらく評価システムの違いが反映されているからだと思います。たとえば、一般社員、係長、課長、部長という構造になっている場合、一般社員の評価について、係長や課長は意見を聞かれるかもしれませんが、直接評価を行わず、部長が評価することが多いようです。少し意地悪な言い方をすれば、比較的遠い場所にいて、自分のことをよく知りもしない部長が評価者になるのです。

一方でアマゾンでは、**すべて直属の上司が部下を評価**します。一般社員の評価であれば、その直接の上長が行います。マネジャーと名のつくポジションに就いて部下を持った瞬間から、人を評価する業務がついてまわるのです。

評価するためには、お互いにきちんとゴールを設定し、それを達成できているかどうかをこまめに確認する必要があります。普段からよく話をしていて、常に指摘されていれば、自分でもそこが弱いとわかります。評価の席で「これ、できていなかったよね」と言われても、納得がいきますね。

ところが、普段からあまり接していない人が、1年に1度だけ面談して、「あなたの評価はこれです」と一方的に言い渡されたら、部下は反発したくもなります。特に、それが悪い評価だったとしたら、「なぜ1年もの間、途中で何の注意や指摘もないのか。一言言ってくれれば改善できたのに」と思うでしょう。

期待通りにいっていない部分を放置せずに、手を差し伸べて、それを達成できるようにサポートするのが、上司の役目です。その上で、うまくできないとすれば、それは本人の問題です。

評価システムが異なる場合には、アマゾンと同じ対応はできないにせよ、「ワン・オン・ワン」の重要性は、もっと日本でも見直されるべきだと思います。

3 コロナ禍は会議を見直す絶好の機会

新型ウイルスがもたらす会議への影響

２０２０年初頭、世界はその姿を大きく変えようとしています。新型コロナウイルスという目に見えない脅威によって、人々の生活様式も経済活動も大きく様変わりしてきました。街頭から人々の姿が消え、多くの人がSTAY HOMEというキャッチフレーズのもと、家でおとなしく過ごす日々が続いています。本書を手に取られた方の生活も大きく変わったのではないかと思います。

この災厄を機に、会議の仕方も大きく見直されることでしょう。首都圏の多くの企業がテレワークを推進し、会議室に集まって話をするという形からＷｅｂを利用した会議へシフトさせようという動きもあります。しかし、方法や使うツールは変わっても、会議のあるべき姿、会議が持つ意味合いは変わらないと私は思います。会議室に多くの人が実際に集まるかどうかはともかく、複数の人が一つの議題に対して同時に検討し、意思決定をしたりアイデアを出し合ったりする行為は、今後も続けられることでしょう。

コロナ収束後も「ムダな会議」を復活させない

ただ一つ、「これだけは変わるだろう」という予言があります。それは、**意味のない会議が自然淘汰される**だろうということです。Ｗｅｂ上で皆が時間を合わせて開催する会議は、オフィスにいる人を集めてちょっと会議を開くような感覚ではできません。自然と「不要不急」の会議はどんどん実行されなくなってくることでしょう。

そして、最も大事なことは、徐々に自粛が解除されてオフィスでの仕事が戻ってきたとしても、それらの会議を復活させないことです。「やらなくても平気だった会議」は「やる必要がない会議」なのです。

今は会議を見直す千載一遇のチャンスです。この機会を上手に使って、会議の効率化を図ってください。

CHAPTER 1

会議の効率化は
資料作りから始まる

アマゾン流
資料作成の
ルール

会議の成否は資料作成で決まる

1枚の資料もなく、ただ人だけが集まって議論されるような会議はあまり想像できません。また、仮にそのような会議が行われたとしても、会議の有効性や生産性は、まず期待できないでしょう。

資料がなければ、議論のテーマや目的、前提となるデータや諸条件を参加者で正しく共有することができません。そのような状態で議論を重ねても、単に「みんなで集まって話し合いました」というアリバイ作りにしかならないでしょう。

会議に資料は不可欠です。そして、良い会議は「良い会議資料」から生まれます。

ここで言う「良い会議資料」とは「正確なことが書かれてある資料」という意味ではありません。それは言うまでもないこと。

良い会議資料とは、次の条件を満たす資料です。

・会議の趣旨、目的が明確である
・少ない労力、少ない時間で読むことができる
・いつ誰が読んでも確実に伝わる

会議を「より短時間で、より精度の高い意思決定をする場」にするためには、そこで用いられる資料もこのような条件を満たすことが求められます。そして、そのヒントとなるのがアマゾンで使われている会議資料です。

資料はナレーティブで書く

アマゾンの会議で箇条書き資料はNG

よくある会議資料として見受けられるのが、「パワーポイント」に「箇条書き」で要点を書き込んだものです。それをプロジェクターで映しながら説明を加えるというプレゼンは、説明する側も資料作成が簡便で、聞く側もよく整理された内容を聞けるということで、非常に多くの企業や団体で行われていると思います。

しかし**アマゾンでは、「パワーポイント」や「箇条書き」の会議資料を見ることはほとんどありません**。なぜならアマゾンでは、会議の資料は「文章（ナレーティブ）形式で書く」というルールがあるからです。通常「ワード」で作成されることが多く、印刷され会議時に配布されます。あの最先端デジタル企業で、文章形式の資料が多用されているというのは、少し意外な話かもしれません。

しかもこの資料は通常、会議前もしくは会議時に配布されるのですが、参加者は必ずしも前もって読み込んでくることは期待されていません。なぜならば**「その場で読んですぐに理解できる文章を書く」ことが資料作成の必須条件**となっているからです。

良い資料とは「誰でも」「いつでも」「正しくわかる」資料

なぜアマゾンでは箇条書きやパワーポイントが禁止されているのでしょうか。それは箇条書きだと、行間を読むことで、**人によって解釈の違いが生じやすい**からです。

また発表者も行間に様々な思いや考察を埋め込んで説明することが多いので、後日それらを思い出そうとしても非常に難しいからです。皆さんも、先週行われた会議の内容を事細かに思い出すことはできないと思います。

それが、箇条書きのパワーポイント資料だとより顕著に表れてしまうということです。

たとえばパワーポイントのプレゼン資料に「最高のカスタマー・エクスペリエンスを提

供します」と書いておいて、そのために具体的に何をやるのかは、プレゼンの当日に口頭で説明するとします。そうした場合、会議の出席者には詳細がその場で伝わるかもしれませんが、後日その資料を見直したときや、その会議に参加していない他者がその資料を見たときにはどうでしょう。「たしか、こういう話だっただろう」とか「こんなことをするって話だよね」と勝手に解釈してしまい、資料に書かれた真意がうまく伝わらない可能性があります。

そしてこうした誤解は、当初は小さなブレでも、時間が経つにつれ大きな解釈のブレになりかねません。その結果、最終的なアウトプットが大きくずれてしまい、本来の目的が達成できないという結果になってしまうことも考えられます。

小さな組織で、日頃から顔を合わせて、職場の状況や互いの考え方がわかっていれば、そういう問題は起こりにくいでしょう。でも組織が大きくなるにつれて、互いの状況が見えにくくなると、そう頻繁に確認もできません。

アマゾンも小さな組織だったときには、お互いの意思疎通についてそれほど気にすることはなかったと思います。会議資料をパワーポイントで作成し、箇条書きもよく使われていました。しかしグローバル企業として成長していく中で、従業員や関係者の人数が膨大になって組織内での意思疎通が容易ではなくなり、その弊害が看過できなくなったのです。

そこで、ベゾスが2006年頃に設定したのが、「**会議の資料は箇条書き禁止。ナレーティブを用いる**」、つまり文章で書くというルールです。

ベゾスは、おそらく週に何十件という報告を受ける身です。なので人一倍、箇条書きの問題点に頭を悩ませていたのでしょう。

パワポの資料は会議の効率性を落とす

伝達内容のズレ以外にも、パワーポイントの箇条書き資料には問題があります。

文章の資料を何枚も書くのは骨の折れる作業ですが、パワーポイントによる箇条書きの資料は、比較的容易にすぐ作れます。枚数を気にせず思いついたことをスライドに列挙していき、会議当日は適当に飛ばしながら口頭で説明することも可能です。いわば「やっつけ仕事」での資料作成が可能なのです。

しかしきちんとした文章にするとなると、読んだときに辻褄が合わない部分が出て来ないように、最初から整合性をとらなくてはなりません。そのため、吟味に吟味を重ね、適

なぜアマゾンでは ナレーティブ資料を使うのか？

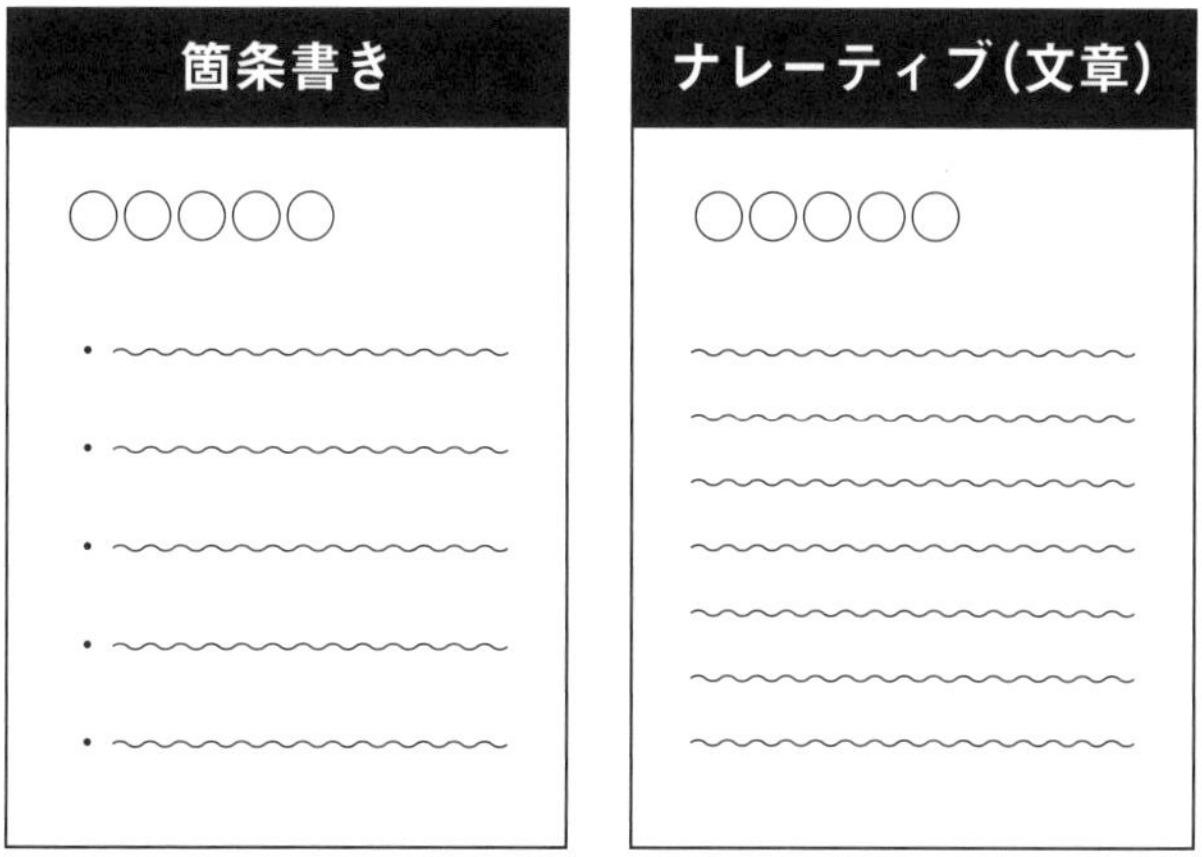

- キーワードを並べて、後は口頭で説明しようとするので資料の精度が雑になる。
- 後で読み返すと、行間が読み取れず、正しい解釈ができないことも。

- 正しい文章にするためには、整合性を吟味する必要があり、資料の精度が高くなる。
- いつ、誰が読んでも、間違いなく同じ情報を提供できる。

切な情報を用いて推敲を重ねなければなりません。

エッセンスだけを凝縮して、それを文章にまとめようとすると、必然的に何回も書き直しをしなくてはならなくなります。おそらくベゾスは、そのようにじっくり検討して推敲するプロセスも期待して、この会議の資料作りのルールを考えたのだと思います。

資料で大切なのは見栄えよりも中身

また、パワーポイントの資料では見栄えを良くしようと、アニメーションを使ってひと手間かけたりすることが多いと思います。ただの箇条書きでも1行1行表示させることでインパクトを出したり、たくさんのアニメーションを多用して観る者の興味を引き付けることができます。

しかし、そもそもムダが大嫌いなベゾスは、そのようなアニメーションの作成に時間をかけることも無駄な作業だと感じたのかもしれません。

会議の資料作りにおける「パワーポイント禁止」のルールは、見てくれだけキレイな内容のない資料は要らないという、ベゾスの考えの表れでもあるでしょう。

COLUMN

文章力がなければ
アマゾンに入社できない

アマゾンでは会議資料を文章で作成しなければならないので、アマゾニアン（アマゾンの社員）には当然のことながら文章力が求められます。しかし、ビジネス文書の書き方の研修などは、特に実施していません。それ以前の採用時にスクリーニングしているからです。

箇条書きを禁止にした当初、多くの社員の文章が下手だったので、ベゾスも頭を抱えたそうです。そこで、それ以降新しい人材を採用するときには、文章力をチェックするようになりました。応募者にエッセイを書いてもらい、あまりにも稚拙な文章の人は落とすことにしたのです。

採用された人は、日常の実務の中で、他の人の書いたものを見たり、実際に書いたりしながら、アマゾニアンとして必要な文章の書き方を覚えていくことになります。

会議資料は「2種類」に統一する

ページの上限は1ページか6ページ

ここまでの話を聞いて「パワーポイントの箇条書きのほうが簡潔に伝えられる」「文章形式だと、長々と余計なことを書いてしまうのではないか」と考えた方もいるかもしれません。

ふわふわのケーキは見た目が良くても、食べ応えはありません。もちろんアマゾンが求めているのは、中身がぎっしり詰まったケーキです。

そこでアマゾンでは、会議ではナレーティブの資料を求めると同時に、文章から余計な修飾表現をなくし、筋肉質な資料作成を促すために、もう一つのルールを同時に定めました。それがページ制限です。

具体的には、会議の資料は1ページか、6ページか、その2種類に統一することにしたのです。これが**「1ページャー」「6ページャー」**と呼ばれるものです。それぞれの詳細は後ほど説明しますが、基本的にアマゾンの社内の資料は、この2つしか存在しません。

添付資料は別腹

資料が2種類しかない。しかも、枚数が多い方でも「たったの6枚」という制約があると聞いて、「大きなプロジェクトの説明に、とてもその枚数では足りないんじゃないか」と思った方もいるでしょう。でもその点はご安心ください。

資料の裏付けとなる細かなグラフや表、関連データなどは、**添付資料（アペンディクス）**に入れる決まりになっています。つまり「6ページャー」に入れる内容は明確に伝えたいメッセージのみに限定し、会議の席で「詳細な情報がほしい」と言われたときには「添付資料を見てください」と誘導するのです。

この添付資料は6枚にはカウントされず、枚数制限もありません。

それでは、ここから「1ページジャー」「6ページジャー」の中身を具体的にご紹介していきましょう。

アマゾンには
資料が2種類しかない

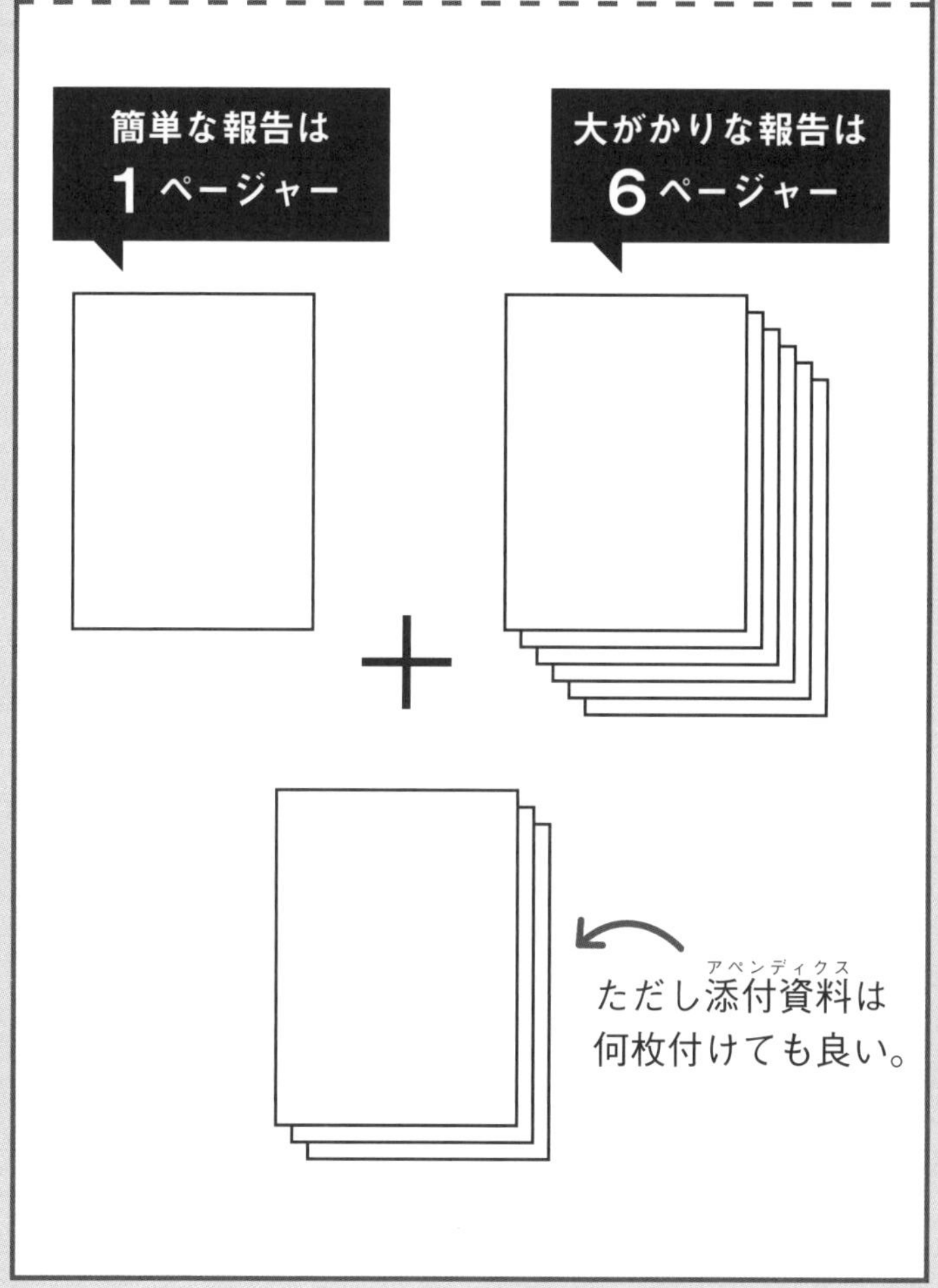
簡単な報告は
1ページャー
大がかりな報告は
6ページャー
＋
ただし添付資料《アペンディクス》は
何枚付けても良い。

「1ページャー」

用紙1枚にまとめるアマゾンの基本資料

アマゾンで、簡単な報告をするときに用いられる会議資料のことを「**1ページャー（ワンページャー）**」と言います。その名の通り、ポイントだけを1枚でまとめたものです。もちろん「裏」は使わず、「表」のみです。（ちなみに日本支社の場合はA４用紙1枚を指しますが、米国の場合はレターサイズの紙1枚です）

たとえば、「こんなプロジェクトをやりたい」と思ってアイデアのラフなプランを説明するときや、「7月にセールやキャンペーンを実施したい」と思ってプロモーションの概要を説明したりするときにも、1ページャーが用いられます。

次のページで、「1ページャー」の例を挙げておきます。これは、バレンタインデーの販促企画を想定した資料です。背景や課題を明らかにし、それに対してどのようなアクションをとるか。それによって、最終的にどういうゴールを達成するか、概要が書かれています。

日常的な報告も1枚でまとめる

1ページャーは、何か提案する会議以外でも、簡単な報告書を作成するときなど、日常業務の様々な場面で使われます。

たとえば、何か問題が起きて、**メトリックス**（アマゾンでいうところのKPI：重要業績評価指標。163ページ参照）で異常値が示されたとします。そして、その理由について口頭の説明だけでは不十分で、もう少し調査や分析が必要になる場合などに、「来週までに1ページャーを書いてきて」と言われるのです。

その際には、どのような問題が起こったかという具体的な内容、究明された原因、実際に行った対策や結果などを書きます。

対策

2020年バレンタインデー商戦に向け、以下のプログラムを実施していきたいと考える。

1. 高価格商品の展開：自分へのご褒美チョコの需要をさらに掘り起こすために、高級輸入チョコのラインナップを充実化し、１人当たりの購入金額の増加を見込む。

   目標：平均単価＋60円

2. 健康志向重視商品の展開：高カカオチョコレートなど、健康志向の強い顧客への販促を強化。「お父さんいつまでも元気でね！」パッケージを作製し、中高年の男性へのプレゼント需要を掘り起こす。

   目標：パッケージ販売目標1000セット（パッケージ単価2000円）

3. チョコレート以外の商品展開：海外での男性から女性に花を贈るという習慣を啓蒙し、切り花の販促を行う。20代から30代の男性を中心にプロモーションを行う。

   目標：切り花の売上＋100%

Goal

バレンタインデー関連商品の売上＋8%

1ページャーの例

バレンタインデー販促企画に関して

営業企画部　XXXX
2020年1月28日

背景

毎年恒例の企画として行われているバレンタインデーの販促であるが、昨今の顧客ニーズの多様化、及び女性から男性へのプレゼントという慣習の希薄化により、売上が前年度比横ばいの状況が続いている。本年度は例年と大きくコンセプトを変え、より顧客志向の販促活動を行っていきたいと考えている。

課題点

女性から男性への「義理チョコ」の大幅減少と、自分へのプレゼントとしてのチョコレート需要が近年増しており、今までの商品ラインナップでは売上を確保できない状況が起きている。また健康志向により、甘いモノ離れが起きており、特に若者のチョコレート離れが激しく、本来の主要な需要層での売上確保も難しい。情報化社会の発達により、欧米でのバレンタインデーの在り方が紹介され、女性から男性にプレゼントを贈るという習慣が崩れ、男性から女性へ、また友達同士でチョコレートやそれ以外のプレゼントを贈り合う「友チョコ」の普及により、平均単価の減少（2017年度：1,970円→2018年度：1,850円）がみられる。

「6ページャー」

大がかりな報告は6枚でまとめる

アマゾンで使用されるもう一つの会議資料が「6ページャー」です。**年次予算**や**大きなプロジェクト**は、さすがに1枚では説明しきれません。しかしそれでも枚数を無制限にしないのがアマゾン流。添付資料を除いて、6枚でまとめることが義務付けられています。

たとえば、何か新しいプロジェクトを発案するとしましょう。そのアイデアの概要をプレゼンするときには「1ページャー」でOKです。しかし、ゴーサインが出て、実行プランを具体的に詰めていくときには、「1ページャー」では足りません。プロジェクトの概要、PL（収支計画）をはじめとする財務情報、目標とするメトリックス（KPI。16

6ページャーの記入内容例

- サービスの定義と概要
- 予算の見通し
- スケジュール（黒字化するまでの期間の目安など）
- 販売価格
- 想定顧客数
- チーム編成
- うまくいかなかった場合のバックアッププラン
- 財務情報
- ＲＯＩ（投資対効果）

他

※新しいサービスや事業を行うときに、どの会社でも考えるべき要素を盛り込めばいい。含めるべき内容自体が特にユニークということではない。

3ページ参照）なども明記しないといけないため、「6ページャー」を用いることになります。

「6ページャー」の書き方

私の場合は、まずどういうストーリーにするかという大まかな流れを決めてから、最初に見出しやラフな内容を書いていき、それをだんだん膨らませていくようにして「6ページャー」を作成しました。

最初のバージョンは規程の枚数に足りなかったり、超えたりするものなので、加筆や削除などを繰り返し、そして何度も通しで読んで「ストーリーがわかりやすいか」「その展開に突拍子もない部分や論理展開に不十分なところがないか」等々の確認をしていきます。

「6ページャー」をまとめる作業は、日本語であれ、英語であれ、かなり時間がかかります。通常でも2日ほど、長いときには1週間以上何度も推敲するということも珍しくありません。それくらい何度も何度も読み込んで、読み手に自身の意図や思いがきちんと伝わるかを確認することが重要なのです。

文章5

読みやすい文章を書く2つの鉄則

日本人はなぜ資料作成が苦手なのか

アマゾンでは、「1ページャー」や「6ページャー」について、特に書き方をレクチャーするようなことはありません。皆が見よう見まねで、それぞれ書き方を習得していきます。

私も最初のうちは、うまく書けませんでした。特に英語で資料を作成する際、その文章を書くことには悪戦苦闘しました。そこで週に1回、1年間程、イギリス人の先生について毎週いろいろなディスカッションをしながら文章を書く訓練を受けることにしました。

そこでわかったのは、私が書いた資料の文章がイマイチなのは、**英語の問題だけではない**ということでした。たとえば、日本語で書いた文章をグーグル翻訳にかけてネイティブに見せても、何が言いたいかわからないと言われた経験がある人も多いのではないでしょうか。それと同じで、もともとダメな文章を翻訳しても、やはりダメな文章にしかならないのです。

最近では国内でも、社内の公用語を英語にする企業があるそうですが、おそらく、単にいつも日本語で書いている文章を英文にしても、いい資料はできないでしょう。

これは、その人の文章力の問題だけではなく、日本の教育の問題でもあります。アメリカでは大学などで、学術的な論文やビジネス・ドキュメントの書き方を教わります。しかし、日本ではビジネス・ドキュメントの書き方を知らないまま就職する人が多いのではないでしょうか。

「1ページャー」や「6ページャー」に限らず、そして日本語で書くか英語で書くかに限らず、**ビジネス・ドキュメントを作成する上では、その作法に則った文章を書く必要がある**のです。それを知らずに時間をかけて推敲を重ねて資料を作っても、上司から「何が言いたいのかわからない」「文章が長い」と嫌がられ、「読むのが面倒だから、口頭で説明して」と言われてしまうのがオチです。

本書ではビジネス・ドキュメントの書き方をすべて紹介することはしませんが、私がアマゾンで資料を作成した際によく注意された、最低限これだけは知っておくべきという文章を書く上でのポイントを2つご紹介します。

❶ 結論ファーストで書く

ビジネスの文章を書く際に、特に日本と欧米で違うのが、書く順番です。

アメリカ人は、**まず結論を先に述べてから、後でその説明をする**書き方を徹底的に叩き込まれます。一方、日本語の文章は、最初に経緯や説明を書いて、その上で結論が述べられる傾向にあります。また、私自身もそうですが、その経緯や説明も、**ファクト（事実）ベース**ではなく、情緒的につらつらと書き連ねていってしまいがちです。そのため「なんとなくフワッとしたことが述べられているが、最後の結論がよくわからない」と、よく指摘されたものです。

結論を最初に書く。それを後段で、**ファクトベースで説明する**。これを心掛けるだけでも、資料に書かれた文章は「読めるもの」にグッと近づきます。

❷ピリオドを恐れない

加えて日本人の書く文章は、カンマでつないで長くなりがちです。

なぜか日本語の場合、長い文章のほうがいいと考えられがちです。短い文章が羅列されていると、なんだか頭が悪そうに見えると私も考えていました。

しかし、先ほどのイギリス人の先生から、「シンプルに言いたいことだけ書け」、そして「ピリオドを打つことを恐れるな」と何度も言われたものです。

文章は、短く切る。このこともぜひ覚えておいてください。

もし読者の皆さんが、「明日から我々も、会議の資料は『1ページャー』や『6ページャー』に統一しよう」「資料はナレーティブで書こう」と義務付けたとしても、それだけでは、読みにくい文章で書かれた資料が氾濫し、「やっぱりうまくいかないな」とすぐに元に戻すことになるかもしれません。

アマゾン流の資料作成文化を根付かせるならば、結論を先に書き、文章を短く切るなど、書き方も一緒に社内で学ばせる必要があるでしょう。

提案型資料は シンキング・バックワーズで考える

アマゾニアンに求められる思考の原則

新しい商品やサービスの提案をする。
業務の改善策を提案する。
採用計画を提案する。

会議では「何かを提案する」ことが多くあります。こうした提案型の会議に提出する資料を作成する際に、アマゾンで徹底されている考え方があります。それが「**Thinking Backwards（シンキング・バックワーズ）**」という考え方です。「**Working Backwards（ワー**

キング・バックワーズ）」とも呼ばれています。ぜひ提案型の資料を作る上で知っておいてほしい考え方なので、ここでご紹介します。

一般的には、何かを計画するときには、現在の立ち位置から未来を見据えて計画を立てると思います。つまり、現在の実力、現在の市場の環境等を考慮し、積み上げて考えていくやり方です。

アマゾンの「シンキング・バックワーズ」は、その反対のアプローチをとります。**最初にゴールを決めておき、それに向けて何をすればいいかを考える**のです。

「積み上げ方式」の限界

ゴールを先に設定し、そこから「何をしなければならないか」と考える。このシンキング・バックワーズの考え方は、資料作成だけでなく、アマゾンでは、予算編成や新規プロジェクトの提案など、ビジネスの様々な場面で用いられています。

というのも、目の前にあることを積み上げていくようなやり方では、アマゾンのように、何度もイノベーションを起こし、大きく成長する企業を持続させることは難しいからです。

「シンキング・バックワーズ」と「積み上げ方式」

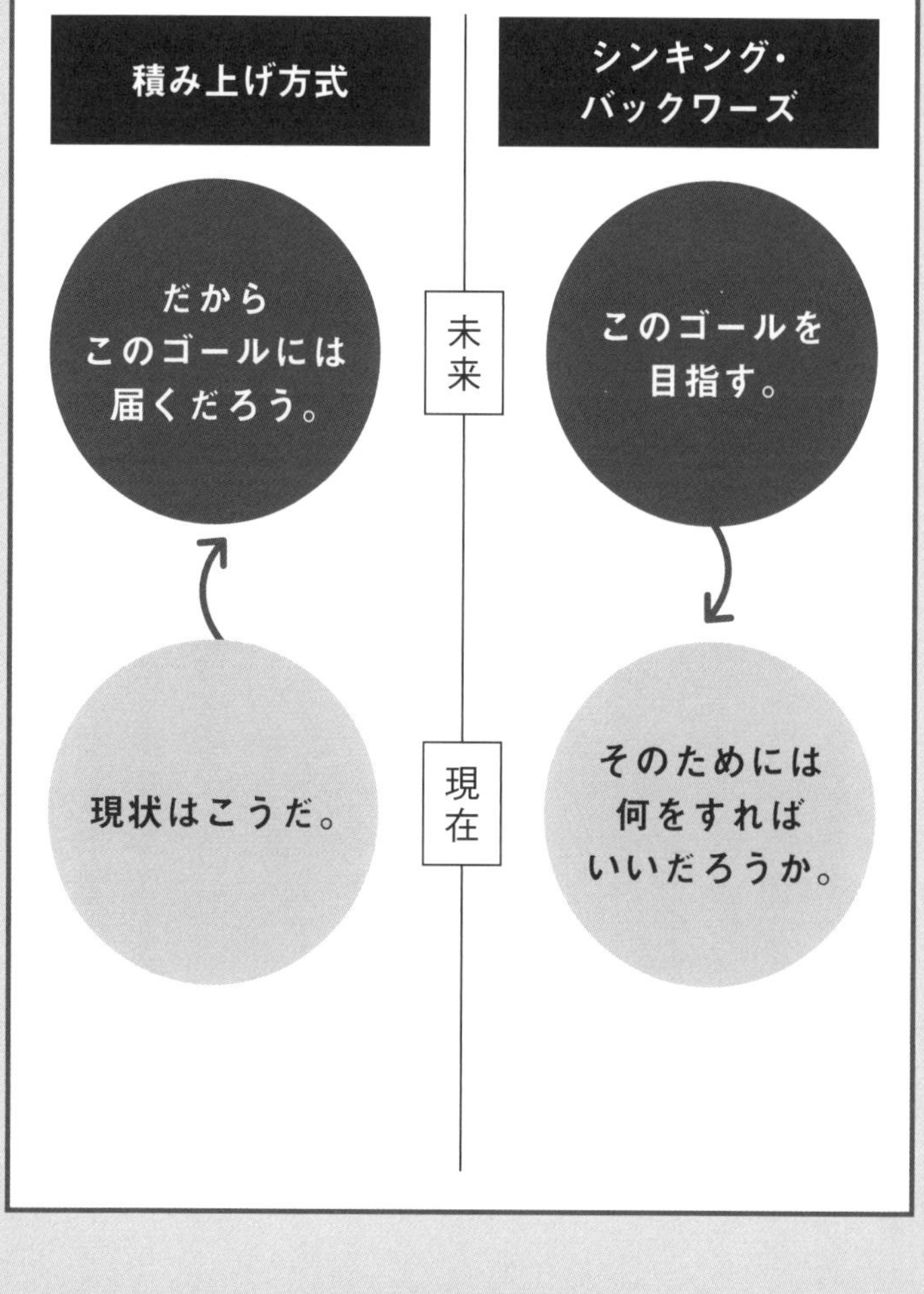
積み上げ方式
だから
このゴールには
届くだろう。
現状はこうだ。
未来
現在
シンキング・
バックワーズ
このゴールを
目指す。
そのためには
何をすれば
いいだろうか。

たとえば予算を作るときに、自分たちのリソースを列挙して、「AとBとCを実行して10％の売上上昇を目指す」と考えても、だいたい絵に描いた餅になります。

アマゾンは違います。既存リソースをベースに積み上げて計画を立てるのではなく、まず「10％売上を増やす」という目標（ゴール）を立てるのです。その上で、それを達成するためには何がギャップになるかを考え、それをクリアする方法を考えるのです。このほうが、ブレイクスルーをもたらすアイデアが出てきます。

アマゾンでは、何かを考えたり提案するときには、この「シンキング・バックワーズ」のアプローチで考えることが当然となっています。そして、提案する際の資料も、この考えに則って作られています。

「シンキング・バックワーズ」で考える方法と、その考えが整理された提案型の会議資料「プレスリリース」について、具体的に見ていくことにしましょう。

COLUMN

プロジェクトごとに作られる信条「テネッツ」

アマゾンでは、プロジェクトを立ち上げる際に、プレスリリースと一緒に、「Tenets（テネッツ）」と呼ばれる「信条」もよく作成します。これは、会社全体の信条や価値観（後述のOLP）とは別に、部門ごと、プロジェクトごとに独自に自分たちで決めるものです。

たとえば、新しい配送方法を提案するプロジェクトで、「私たちはお客様にもっとも便利だと思っていただけるようなサービスをします」というテネッツを決めたとしましょう。後は、このテネッツに沿って、お客様がほしいときにほしいものが手に入る配送手段は何かとシンキング・バックワーズで考えていくのです。

またテネッツは、ゴールイメージを共有するのに役立つとともに、対応に困ったときの判断基準にもなります。テネッツに合っていれば正解、合っていなければ不正解というように、関係者間で意識共有が図れるのです。部門ごと、プロジェクトごとに独自のテネッツを作成しておけば、会議の生産性向上につながることは言うまでもありません

新サービスの説明資料は「プレスリリース形式」で書く

提案を受け入れてもらいやすくする魔法のフォーマット

アマゾンでは、常に無数のプロジェクトが発案され、会議で提案されています。そして、新規プロジェクトが立ち上がる際に、必ず用いられている資料のフォーマットがあります。それが**プレスリリース形式の資料**です（作成例は75ページ参照）。

プレスリリースとは、皆さんもご承知の通り、企業がマスコミに対して何かを発表する際に用いられるフォーマットです。

このフォーマットがアマゾンの会議で使われるようになったのは、今から十数年前のことです。最初は、販売側の人たちが新しいプロモーションやサービスを提供するときに使い始めたのですが、非常に好評で、他部門にも広まりました。

プレスリリース形式の良さは、読み手にとっての「**受け入れやすさ**」です。

たとえばあなたが会議の席で、会社に対してある提案をするとしましょう。提案とはすなわち、新しい取り組みをすること、今までの状態を変えることを意味します。

しかし会社にいる多くの人々は、その変化を望んでいない場合もあります。そうした方々は変化に対して不安や恐怖を感じてしまうので、提案に対し、抵抗するかもしれません。

その抵抗をどう取り除くのか。

ステークホルダー（利害関係者）に対し、いかにその提案の良さを理解してもらうか。会議で何かを提案するときには、そのことが重要になってきます。

そして、ステークホルダーに対する説得ツールの1つとして、アマゾンではプレスリリース形式のフォーマットを、非常に有効な手段として考えているのです。

ではここから、プレスリリース形式の資料の作り方を説明することにしましょう。

シンキング・バックワーズで提案内容を考える

まず、先ほど紹介したシンキング・バックワーズを使って、提案内容（新商品や新サービス、新しい取り組み）について自分で考えを整理します。

最初に提案の先にある「ゴール」を提示します。そのサービスが提供されるとお客様はどのようにそのサービスを喜んでくれるか、どのようにお客様の生活が変化するかなどを、まず考えるのです。

その上で、そのサービスに必要な要件を確認していく作業をします。こうして考えていけば、出来上がったプレスリリースは、現状では持っていない知識や能力、技術力などをどのように身に着けていくかという指針になります。

次ページで紹介するテンプレートは、私がよく使っているものです。シンキング・バックワーズで考える際に参考にしてください。

シンキング・バックワーズのテンプレート

質問 解決したい問題は何か？

質問 それによってお客様(社外、社内、取引先等)はどのような痛みを感じているか?

質問 その痛みを解決するために現在の商品やプロセスは十分か? それはなぜか?

質問 もし足りない場合それはどのようにすれば解決するか？

質問 それは自社の技術力や組織力で解決可能か? 可能な場合それを商品化できるか?

質問 解決不可能な場合それを提供できるパートナーは市場に存在するか？

質問 新商品の詳細と利点は？

質問 それらを使って問題をどのように解決するか？

質問 どれくらい簡単に問題を解決できるのか？

質問 それを利用したお客様はどのように喜んでいるか？

プレスリリースの内容構成

考えが整理できたら、それをプレスリリース形式の資料に落とし込んでいきます。プレスリリース形式の資料には、次のページのような内容を盛り込みます。また、これを基に作成した例（75ページ）もご参照ください。

見ていただくとわかると思うのですが、プレスリリースは、「外からの視点（お客様の視点）」に立って書かれています。「自分たちはこうしたい」ではなく「お客様が何を感じていて、提案をどう受け止めるか」を表現することが肝であり、「内からの視点」は極力排除しなければいけません。

またプレスリリースでは通常、「ＦＡＱ」と「ユーザーズマニュアル」が、内容を補完する添付資料として一緒に作成されます。

「ＦＡＱ」は、お客様から出てきそうな質問を予想し、その答えを予め用意しておくためのものです。これを作成するためには、ある商品やサービスを提供したときに、お客様がどんな状態になるか、詳細な情景を考えざるをえません。まさにシンキング・バックワーズを実践することになるのです。

プレスリリースに盛り込む内容

ヘッドライン：タイトル

商品の短い説明文。

サブヘッドライン：市場

誰がこのサービスや商品で利益を得るのかを書く。

第1段落：商品概要・利点

商品やサービスのサマリー（概要）とその利点を簡潔にまとめる。第1段落はプレスリリースのすべてを読まない人にも理解してもらうためのものなので非常に重要。

第2段落：解決する問題

どのような問題をクリアしようとしているのかを鮮明に表現する。

第3段落：解決方法

どのような解決方法でその問題を解決するのかをクリアに表現する。どのように素晴らしい解決方法なのかを表現する。

第4段落：責任者の声

アマゾンの責任者の声。お客様にどのような価値を提供できるのかを表現する。

第5段落：どれくらい簡単か

どれくらい簡単にその商品やサービスが始められるのかを表現する。

第6段落：お客様の声

「どれくらい利点があるか」「どれくらい簡単にスタートできるか」など、お客様視点の声を表現する。

第7段落：まとめ・補足

商品の詳細などに導くリンクなどを記載。

第3段落

も対応できるという点でも昨今の環境問題に十分に対応できている。

第4段落

本プロジェクトの推進責任者の佐藤リーダーは「今回のサービスは誰でもどこでも挽きたて淹れたてのコーヒーを安価で楽しむことができるという点でお客様にご好評いただいています。今回開発した携帯型コーヒーマシンも販売員の作業負荷をできるだけ無くすように設計されているものです。従業員の労働環境を整えていくことは今後各社にとって非常に大事な課題となってきます。オフィスに居ながらにして様々なサービスを受けたいという需要は今後も増していくと考えられます。今回のコーヒーの宅配をベースに様々なサービスを付加していく計画です。」と今後のさらなる拡張性に期待を持たせた。

第5段落

導入は専用のウェブサイトからサインアップするだけで完了し、すでに導入されている地域であれば当日からでもサービスを受けることも可能となる。面倒な決済も現金、クレジットカードや各種スマホ決済にも対応している。

第6段落

既に本サービスをご利用の○○さんは「今まではコンビニでコーヒーを買っていたのですが、通勤路に店舗がないためにわざわざ遠回りしないといけませんでした。このサービスを利用するようになってからはオフィスで美味しいコーヒーを飲めるので非常に助かっています。豆も5種類から選べるのもコーヒー好きとしては嬉しい点です。」と本サービスを喜んで利用されている。

第7段落

オフィス de コーヒーの詳細に関しては
www.EGP.com/Office-de-coffee/ または info@EGP.com
までご連絡ください。

プレスリリースの作成例

ヘッドライン

オフィスdeコーヒーサービスの開始

サブヘッドライン

オフィスで居ながらにして挽きたて淹れたてのコーヒーが飲めるサービスをEGPが開始

第1段落

2021年4月1日。EGP株式会社（神奈川県横浜市）はオフィス向けコーヒー宅配サービス「オフィスdeコーヒー」を開始しました。コンビニエンスストアやファストフード店での低価格コーヒーの需要拡大を受け、オフィスに特別な機器を設置することなく挽きたて淹れたてのコーヒーを提供するサービスとなり、近隣にコンビニ等が少ないオフィス街や大人数の会議の際のコーヒーの供給をより便利にするだけでなく、オフィス内の機器のメンテナンスから解放されるという点が本サービスの特徴となっている。

第2段落

通常オフィスでコーヒーを飲む際はコーヒーメーカーのメンテナンスなど業務外の作業が多く敬遠されがちであった。またコンビニ等での低価格コーヒーも近くに店舗がなかったり、毎回紙コップを使用することに対する罪悪感などがあり、なかなかオフィスで美味しいコーヒーを飲む機会が少ないというのが一般的な状況である。

第3段落

今回のこのサービスは居ながらにしてオフィスで美味しいコーヒーを飲めるだけでなく、面倒な機器のメンテナンスなども必要なくいつでも誰でも美味しいコーヒーを飲めるというのが特徴である。またマイボトルやマイカップに

Q 携帯型のコーヒーマシンとはどのようなものですか？

A 販売員が背負う形のマシンです。機動性に優れ狭いオフィスの中でも邪魔になることなくコーヒーを提供できます。エルゴノミクス理論に基づき、販売員の負荷を減らす形状をしており、実際の重量よりも軽く取り扱えるように設計されています。また発生するコーヒーかすを本体内で燃料として再利用しお湯を沸かすなど環境面にも大いに配慮した仕様となっております。

Q 決済方法は？

A 現金、クレジットカード、各種デビットカード、スマホ決済（PayPay、LINE Pay、メルペイなど10種類に対応）、Apple Pay、交通系ICカード（Suica、PASMO、ICOCAなど11種）

Q ヘビーユーザーへの特典などはありますか？

A スマホアプリをインスト―ルし会員登録いただいたお客様は、5杯で1杯タダになるキャンペーンを2021年末まで実施します。

Q 黒字化はいつ頃を目指していますか？

A 2022年初頭には黒字化を目指しています。詳しくはHPのFinancialsをご確認ください。

FAQの例

Q コーヒー1杯はいくらで販売されますか？

A 1杯でレギュラー120円、ラージ150円、エクストラ200円を予定しております。

Q コーヒーの種類は何種類ですか？

A 常時5種類のコーヒーと2種類の紅茶、カフェラテとカプチーノをご用意しております。その他に季節限定のフレーバーなど2～3種類を提供予定です。

Q サービス開始地域はどこですか？

A 現在試験的に運用を開始しております横浜市に加え川崎市、世田谷区、目黒区、大田区でサービスを開始の予定です。

Q 水の供給はどのようにされるのですか？

A 供給開始時に10Lほどの水を入れた状態からスタートします。同時に5Lの補助カートリッジを常備しますので、1回の補給で100杯の供給が可能です。

「ユーザーズマニュアル」には、その商品やサービスを利用するお客様が、利用する際に必要な情報を、すべて記載しておきます。

このようにして「プレスリリース」「FAQ」「ユーザーズマニュアル」を作成することで、自分たちが提案しようとしている商品やサービスがどのようなものなのかということがクリアになり、その作成された資料は他の部署やステークホルダーにも説明しやすく、納得を得られやすくなるというわけです。

アマゾンでは、ビジネス文章の書き方についての研修はしないのですが、プレスリリースの書き方はリーダーシップ研修のメニューに含まれています。それほどアマゾン社内で重視されていると言えるでしょう。

もっとも、「これが完璧なフォーマットだからマネしなさい」というスタンスではなく、いろいろなアイデアを人々に伝える有効な手段の1つとして紹介されます。

本書で紹介する書き方も、その一例としてお考えください。

アマゾンの資料は進化する

定型フォーマットは作らない

先ほどご紹介したプレスリリース形式の資料は、アマゾンでとても重要視されてはいますが、「必ずこれに沿って書きなさい」と指示されているわけではありません。私なりのフォーマットをご紹介しましたが、アマゾンの公式フォーマットが存在するわけではありません。

アマゾンでは「1ページャー」や「6ページャー」といった資料についても、枚数制限のルールはあっても、具体的な書き方が厳格に定められているわけではありません。つまり「この欄に目標を書いて、この欄には財務情報を書く」といった穴埋め式の定型フォーマットは一切存在しないのです。

「1ページャー」で報告するなら、どんな問題が起きたかという事実、それがなぜ起きたのかという理由、それについてどんな対策をとったか、そして最終的な結論は何かという流れになることが多いのですが、これは単に、そのほうが読む人もわかりやすいからにすぎず、ルールということではありません。

フォントや外形のサイズは指定されているのですが、これは上長たちのところに届くドキュメントのサイズや形状がバラバラだと整理しにくいから、体裁くらいは揃えようという単純な理由からだと思います。

そういう視点で見直してみると、**アマゾンは基本的に、定型フォーマットを作りたがらない会社**だと思います。なぜでしょうか。

硬直化のリスクを回避する

ビジネス環境がどんどん変わる中で、仕事の仕方そのものも変わっていきます。なのに、あまりガチガチの型を作ってしまうと、それに縛られて環境の変化に適応できなくなってしまいます。そうなることをアマゾンは恐れているのです。

そうならないために、ＯＬＰなどの価値観とゴールだけしっかりと共有しておき、それを達成する方法は各自に任せるという考え方を採っているのだと私は考えます。

例えるなら、山に登るときに、「南側、北側など、どのルートから登ってもいい。ただし、必ず登る人数は６人までとし（６ページャーの場合）、それ以上のリソースを使ってはいけません。サポート部隊（添付資料）は何人になっても構わないので、とにかく登りきりましょう」というやり方です。

価値観を共有できていれば、そこから逸れる行為にはつながりません。その上で、**目標（ゴール）を、既成概念を取っ払った自由な発想とともに達成してほしい**と、そう考えているのです。

て、定型サイズの箱に収まる量を買ってください」というサービスを提案することにしました。

プレスリリースの作成者は、ベゾスたち上層部に効果的にアピールするために、資料の冒頭で、まずお客様の日常生活を描写しました。そこには、子どもを持つ働く主婦が、日々の生活や買い物で遭遇する出来事（ペインポイント）がさりげなく示されていました。

「それがある日突然、生活が一変。なぜならアマゾンのパントリーサービスを使い始めたからだ」というように、プレスリリースの中で見事なストーリーを展開したのです。

それを読めば、今までどれほどお客様に苦労や面倒臭い思いをさせていたのか、アマゾンで買わない理由がどれほどあったのかが一目瞭然になりました。と同時に、新しいサービスを提供することで、どれだけお客様の生活を変えるか、どれだけ効果があるのかが、会議の参加者全員に、手に取るように理解できたのです。

読み終わったベゾスは即座に、この提案にゴーサインを出したそうです。そしてその後、アマゾン社内でこのプレスリリースは伝説として語り継がれるようになったのです。

COLUMN

ベゾスが一発OKした伝説の資料

プレスリリースの資料についてリーダーシップ研修で必ず紹介される「伝説のプレスリリース」をご紹介しましょう。

アマゾンではもともと、箱買いなど、ある商品をまとめ買いしてもらうことで、安い価格を提供していました。コーラやビールなどの飲料であれば、１ダース、２ダースという単位になり、１本からでは買いにくかったのです。買う側からすれば、必ずしも一度に２ダースをほしいわけではありません。家が狭ければ、大量に運ばれても置き場所に困ってしまうかもしれません。

伝説のプレスリリースの作成者は、こうした顧客のペインポイント（悩みの種）に着目し、アマゾンをそのパントリー（食料品貯蔵庫）代わりに使ってもらうアイデアを思いついたのです。アメリカの家庭には、キッチンの横にパントリーがあり、缶詰などを買い置きし、必要なときにそこから出して使います。だからアマゾンをパントリーに見立てて、「特定商品を大量に買わなくてもいいです。必要な分だけ買ってください」「ただし、飲料を１本だけ買って送付するのは効率が悪いので、必要な商品を組み合わせ

CHAPTER 2

最速で最高のジャッジを下す

アマゾン流
意思決定会議

効率よく、間違えずに「決める」

「意思決定会議」とは、意思決定者から提出された議案について確認した上で、承認したり、再提出を求める会議です。平たく言うと、何かを「決める」ための場です。

・プロジェクトの開始（終了）を決める
・採用などの人事について決める
・設備投資などの投資について決める
Etc.

これらを起案する人は、適切な情報を揃え、説明ができるよう準備し、時間内に意思決定者が的確に判断できるようにしなくてはなりません。

「意思決定会議」で一番避けたいのが「決まらない」ことです。何も決まらなかった状態で終わると、会議のアウトプットが「ゼロ」になります。事業のスピード感が損なわれるだけでなく、出席者のフラストレーションも溜まります。

もちろん、その場で結論を出せないときもあります。しかし、そうした事案は例外的で、「決まらない」多くの場合は、会議のやり方に問題があるのです。また、決まったけれど、「意思決定を誤った」ということも極力避けたいところです。

本章では、無駄なく、効率よく、しかもクオリティの高い意思決定をするための「意思決定会議」のヒントを解説します。

プロジェクトリーダーが会議のオーナーになる

なぜオーナーが進行役をするのか

会議の主催者を、その会議の「**オーナー**」と呼びます。「意思決定会議」の成否は、ひとえにオーナー次第と言うことができます。まず最初にそのことを確認しておきましょう。

日本では、会議を主催する人（オーナー）と進行役がそれぞれ別になっていることが多く、「部長、そろそろよろしいでしょうか」というように進行役がオーナーに確認するような光景がよく見られます。

しかし、アマゾンの会議では、基本的に**プロジェクトリーダーやプロジェクトを推進する人が、会議のオーナー兼ファシリテーターとなります**。なぜなら、効率よく、質の高い意思決定をするためには、それが必要不可欠だからです。

会議のオーナーと進行役が別だと、進行役はオーナーにお伺いを立てたり、他の人の意向を慮って進めようとして論点がぶれたり、声の大きな人に引きずられたりしがちです。意思決定の会議は、円滑に進めることも大事ですが、成否のポイントはなんと言っても「アウトプット（意思決定）」です。ここがまずければ、もちろん会議は失敗です。

そういう意味で、**アウトプットに責任を持つ人、プロジェクトリーダーが「こうしたい」と方向性を示し、議論をリードする**ほうが、会議の方向性が定まり、みんなに熱も伝わります。

オーナーの役割

「オーナー」という呼び方は意外に重要です。会議を招集し、進行役として会議のファシリテーションを行い、議事録（作成作業は他の人に任せることもありますが）を配信するところまでのオーナーシップ、つまり、責任を持ってやりきることが要求されるからです。

そしてオーナーとしてもう1つ重要なのが、会議上の約束事を明確にし、徹底させることです。言いっ放しにならないよう、適切なフォローアップをして成果を出せるようにすることも、オーナーの重要な役割です。この点についてはCHAPTER4「アマゾン流進捗管理会議」でご紹介します。

ここからは、意思決定の会議を開くときに、オーナーがどんなことに注意すべきかを、会議における一連の流れに沿って見ていきたいと思います。

会議のオーナーの役割

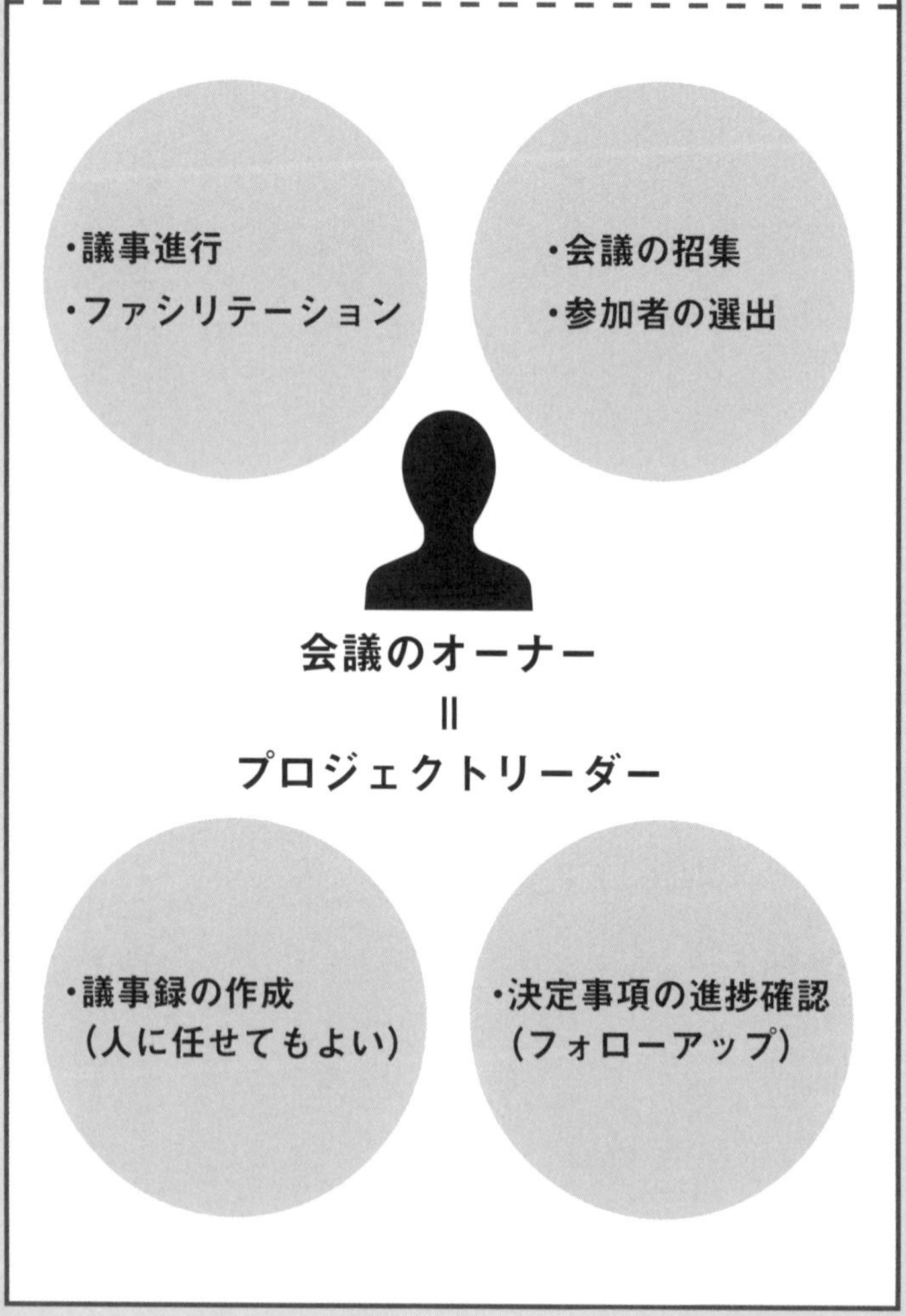

・議事進行
・ファシリテーション
・会議の招集
・参加者の選出
会議のオーナー
||
プロジェクトリーダー
・議事録の作成
（人に任せてもよい）
・決定事項の進捗確認
（フォローアップ）

「3つのW」で会議の目標を共有する

会議室に入る前と後で変化を生じさせる

会議が終わったときに、出席者の持っている情報が、会議室に入る前とまったく変わらない場合、**アウトプットは「ゼロ」**と言えます。会議を開く以上、必ず何らかの変化が起こっていなければ、意味がありません。

「意思決定会議」の理想は、明確な目的に沿ってみんなで適切に議論し、求められるアウトプットを出し、次にどう進めるかを決めて、「これで行こう」と合意できた状態で会議室から出てくることです。

みんなで議論した結果が、たとえ自分が当初考えていたアウトプットとは違うものであっても、それで共通認識ができたなら、適切なアウトプットと言えます。
会議は時間や労力など大量のリソースを費やすものです。開催するからには、時間内に、それに見合うだけのアウトプットを必ず出す必要があります。

目的を共有する

会議の時間内に適切な意思決定を下すために、まず最初にオーナーがやるべきことがあります。それは、出席者に招集をかける際に、その会議を開く目的（「〇〇について決めたい」「こんな問題があるので、それについて話したい」）と、アウトプット・イメージを明確にしておくことです。
平たく言うと**「会議を行って30分や1時間後に部屋から出るときに、出席者がどうなっているべきか」**を定義しておくのです。
そのためには**「3つのW」**として目標を決めておくことが効果的です。

What（何を）
Who（誰が）

When（いつ）

「この3点を時間内に決めることが会議の目的である」と、招集時と会議の冒頭にまず周知しておくこと。それが「決まらない」会議を回避するための最初のステップになります。

会議は「沈黙」から始める

15分の黙読

「意思決定会議」では、まずファシリテーター（オーナー）は、会議を開く趣旨を一通り確認した上で、最終的に会議室を出るときにどういう状態にもっていきたいかというゴールを共有し、どのような順番でそれらを検討するのかを説明します。また、参加者の手元に会議資料が揃っているかどうかも確認します。

そしてその後の流れが、アマゾンは独特です。

一般的な組織であれば、会議資料の作成者が他の出席者に議案の概要の説明を求められれることと思います。

しかしアマゾンではそうはしません。まず、**目の前にある会議資料を各自で黙読する**のです。事前に資料をメールで送付した場合でも、1ページャーなら5分、6ページャーなら15分間くらい、必ず読むための時間をとります。

このときに重要なのが、**沈黙を保つ**こと。一通り目を通してもらう間、質問は一切受け付けません。

良い資料と沈黙が非効率な質問を排除する

「意思決定会議」において、アマゾンがこうした進め方を採用するのには、それなりの理由があります。

資料の作成者が会議の冒頭で概要を口頭で説明していくやり方では、たとえば2ページ目の話をしているときに、誰かが何かの言葉に引っかかって、「ちょっと待って」と止めて質問するということが起こりがちです。実は、その答えに当たる部分が4ページ目に書かれていたりするのですが、質問している人は資料の全体を把握していないので、そんなことはわかりません。プレゼンテーションなどでも、途中で質問されて、「それは後から

アマゾンではなぜ沈黙から会議を始めるのか？

【よくある会議】

・読まずに書かれてあることを質問するなど無駄が発生
・口頭で補足説明する前提なので資料の作り込みも甘い
►►► **会議が長引く**

【アマゾンの会議】

・資料を読んだ前提で議論が始まるので、集中して資料を読む
・読めば理解できる資料が求められ、資料の精度が高まる
►►► **会議の無駄がなくなる**

出てきますから」というやりとりがよく見られますが、それと同じことです。

ベゾスはこれを非常に嫌がります。**既に書いてあること、説明が予定されていることを質問するのは無駄**です。読みながら、わからないところにクエスチョンマークをつけ、後のページで説明されていたらマークを消し、残ったものだけについて質問したほうが、時間的にはるかに効率がよい、と考えて、このような沈黙をルール化したのです。

「一言もしゃべらない会議」が最高の会議

「意思決定会議」においてベゾスは、まず黙って会議資料を読むことを徹底させました。そして読む時間を取った後で、ファシリテーターが「何か疑問点がありますか」と聞き、それから議論に入るようにしたのです。

ファシリテーターによっては、議論に入る前に資料の内容について簡単なサマリー（概要）を述べることもありますが、これは必須ではありません。**15分経過したら、全員が資料の内容を一通り理解したという前提ですぐに議論を始めて構わない**のです。

なお、アマゾンで考えられる最高の会議は、沈黙のままに終わる会議です。1ページャーの資料であれば、1枚読んで「疑問点はありますか？」と参加者に尋ね、なければ承認。6ページャーでも、1枚ごとに参加者に尋ね、6枚とも疑問や懸念が無ければ、沈黙のまま会議は「これで行きましょう」ということで終わりです。

CHAPTER3で紹介する「アイデア出し会議」は別ですが、意思決定を目的とした会議では、何も疑問が出ない資料が提出されれば、究極、参加者は議論をせずに、すべて承認してその会議を終えることができます。それが、アマゾンでは最高の会議とされています。

オーナーの3つの仕事

出席者全員を巻き込む

沈黙のまま終わるのが一番いい会議だと先ほど述べましたが、現実的にはそうしたケースはアマゾンでも稀です。会議のオーナーは、限られた時間で的確な意思決定をすべく、議論を仕切る必要があります。

最高の意思決定を下すために必要なこと、それは、**参加者の頭脳をフル活用する**ことです。アマゾンでも会議のオーナーは、参加者が資料を読み終えた後に、「これをどう思いますか」と出席者の考えを聞き出しながら、議論を活性化させるように心を配ります。関係者を巻き込み、様々な視点から検討していかないと、正しい意思決定は下せません。

もちろん、黙っているからといって「この人は了解している」と判断することも軽率です。発言をしない人にも「大丈夫ですか」と確認を入れるなどして、最終的に求めるアウトプットに向かって、みんなの方向性を揃えていかなくてはなりません。

タイムマネジメント

議論が白熱し、ふと時計を見ると、残り時間が5分。

急ぎ足でまとめようとしたが時間切れで、もう一回会議を設定しなくてはならない。

それで日を改めて再開すると、また同じような議論が繰り返される。

会議ではこういう展開がよくあります。

もちろん、時間内で終えることより、最善の意思決定を下すことの方が優先順位は高くなります。しかし、意思決定の質は落とさずに、時間内に決めていくことは、会議で費やされるリソースを無駄遣いしないためにも、組織のスピード感を維持するためにも欠かせません。

タイムマネジメントはファシリテーターの大事な役割です。会議では、時間配分を考えつつ、ゴールに向かって議論を前進させなくてはなりません。1時間の会議であれば10分前、30分であれば5分前にはまとめに入るというように、予めタイムラインを決めておく必要があります。

とはいえ、ファシリテーターも人間です。つい熱中して議論に入り込み、時間を忘れてしまうこともあるでしょう。自分にそういう傾向があるなと感じたときは、他の人にタイムキーピングを頼んだり、スマートフォンのタイマーをセットするなどして、終わる時間を意識することです。

議事録を作成する

アマゾンでは、会議を行ったら必ず議事録を残すことになっています。これを怠ると、そのときに何を話したかが振り返れなくなるからです。次の会議で、前回話した内容を遡ることに時間がとられるのは、無駄なことです。

議事録の作成は、アマゾンではオーナーが行います。ただし、ファシリテーションをしながらでは難しいときには、他の出席者に頼むこともあります。その場合でも、会議が終わった後に、**議事録を関係者に配布するのはオーナーの役割**です。

そして議事録は、記憶が新しいうちになるべく速やかに送ります。会社によっては数日後かもしれませんが、それでは時間の単位が大きすぎるように感じます。

アマゾンでは、極力その日のうちに送ります。中には、その場でタイプ打ちをしながら議論を進めていく人もいるので、文字通り、終わった直後に送られてくることもあります。

COLUMN

議事録は１秒で作れる

議事録はそれほど時間をかけなくても簡単に作成できます。それこそフォーマットを決めて、そこを埋める形でも構いません。

私はよくホワイトボードに、「決まったこと」「次回までにやること」「その担当者」という見出しを書いて、それをスマホで写真に撮って送ったりしていました。これなら１秒で作成は終わります。

ときには、議事録を作る必要もない会議もあります。そういうときは、いちいちワードの文書にまとめて送る必要はなく、その会議をコールしたメールの下に、今日決まったこと、次にやるアクションなどを簡単に書いて送るだけということもありました。

議事録は、見返したときに内容がわかればいいので、時間をかけて立派な文書にする必要は、必ずしもありません。簡単な打ち合わせかフォーマルな会議かなど、内容や性質、レベル感に沿って臨機応変に対応すればいいでしょう。

会議を活性化させる「リフレーズ」「パーキングロット」「バルコニー」

会議が盛り上がるか否かはファシリテーター次第

参加者の知見をフル活用しなくては最善の意思決定はできません。そのためには、**刺激を与えて場を活性化したり、議論を前進させる**ことがファシリテーターには求められます。

たとえば議論が煮詰まってしまい、みんなが袋小路から出られないときには、「これは何ですか」「なぜこうしようと思ったのですか」と、とにかく質問をたくさん投げて、要因の分解などを行い、周囲を見通せるようにして、頭の整理を手伝う必要があります。

また、議論は活発だけれど、堂々巡りになって何も進まないと感じたら、時間の無駄を避けるためにも、後から取り上げる論点を先にするというように順番を変えてみるなど、あの手この手で場の活性化を試みる必要があります。

ここで「意思決定会議」を活性化させるテクニックをご紹介します。ファシリテーションのテクニックについてはいろいろな本があるので詳しくはそちらを参考にしていただきたいのですが、ここでは私自身の経験上、アマゾンでよく言われていた、特に大事だと感じた方法を３つ紹介します。

「リフレーズ」で意見を引き出す

アマゾンの会議には、無駄な出席者はいません。必要がない人は、呼ばれないか、たとえ呼ばれても本人が参加を辞退します。ということは、参加者はその意思決定に必要だから呼ばれたのであり、必ず発言する必要があります。

だから会議のオーナーは、発言の少ない人には話を振る必要があります。ある人だけが発言していて、それで意思決定がなされることがあってはなりません。

たとえば、首をかしげながら静かに聞き入っている人に意見を促してみましょう。こう

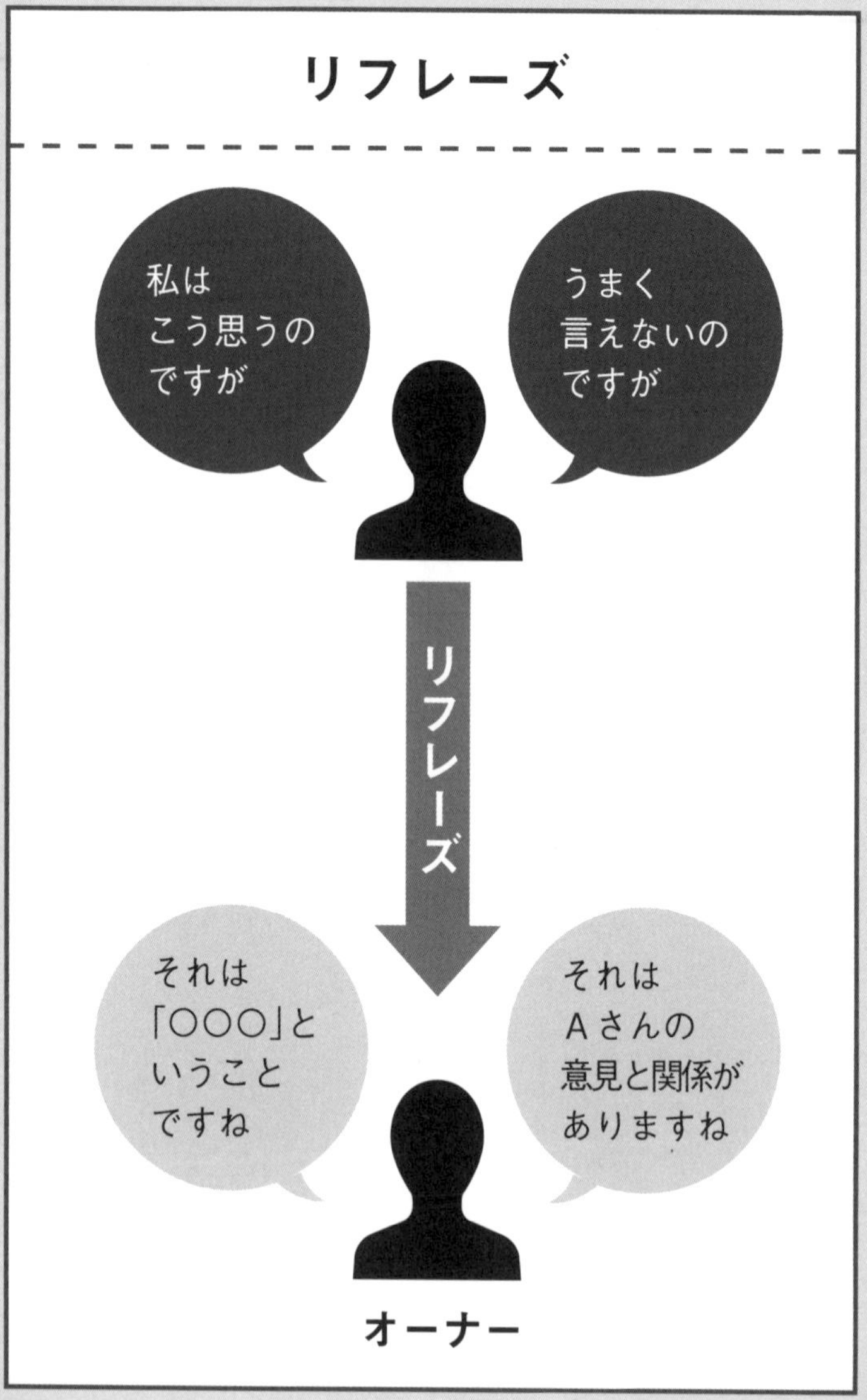
リフレーズ
私は
こう思うの
ですが
うまく
言えないの
ですが
リフレーズ
それは
「○○○」と
いうこと
ですね
それは
Aさんの
意見と関係が
ありますね
オーナー

した人は、実はソリューションのアイデアを持っている可能性があります。ただ、うまく言葉にできない、遠慮して言えないということが往々にしてあります。

そんなときは、ファシリテーターがリフレーズしてあげます。リフレーズとは、言葉の足りない部分を補足したり、言い換えたりすることです。こうすることで発言が少ない人の意見を議論の場に引き出すのです。

「パーキングロット」で軌道修正する

議論をスムーズに進めていくときに便利なのが、ホワイトボードの片隅に線を引き、「パーキングロット」というコーナーを作ることです。

これは「駐車場」という意味ですが、本題から外れる意見について、「大事だけれど、今話していることとは少し異なるポイントなので、ひとまずここに入れておきましょう」と保留にするのです。

その話題を取り上げると、違う方向で深掘りしすぎて、本論の話が十分にできなくなるもの。あるいは、主題から少し外れるけれど、後々問題になりそうなので、どこかの時点で話しておく必要があるものを入れておきます。

パーキングロット

本論から外れる意見も
無視せずにパーキング
ロットに入れておくと、
参加者が気持ち良く
意見を出し続けられる。

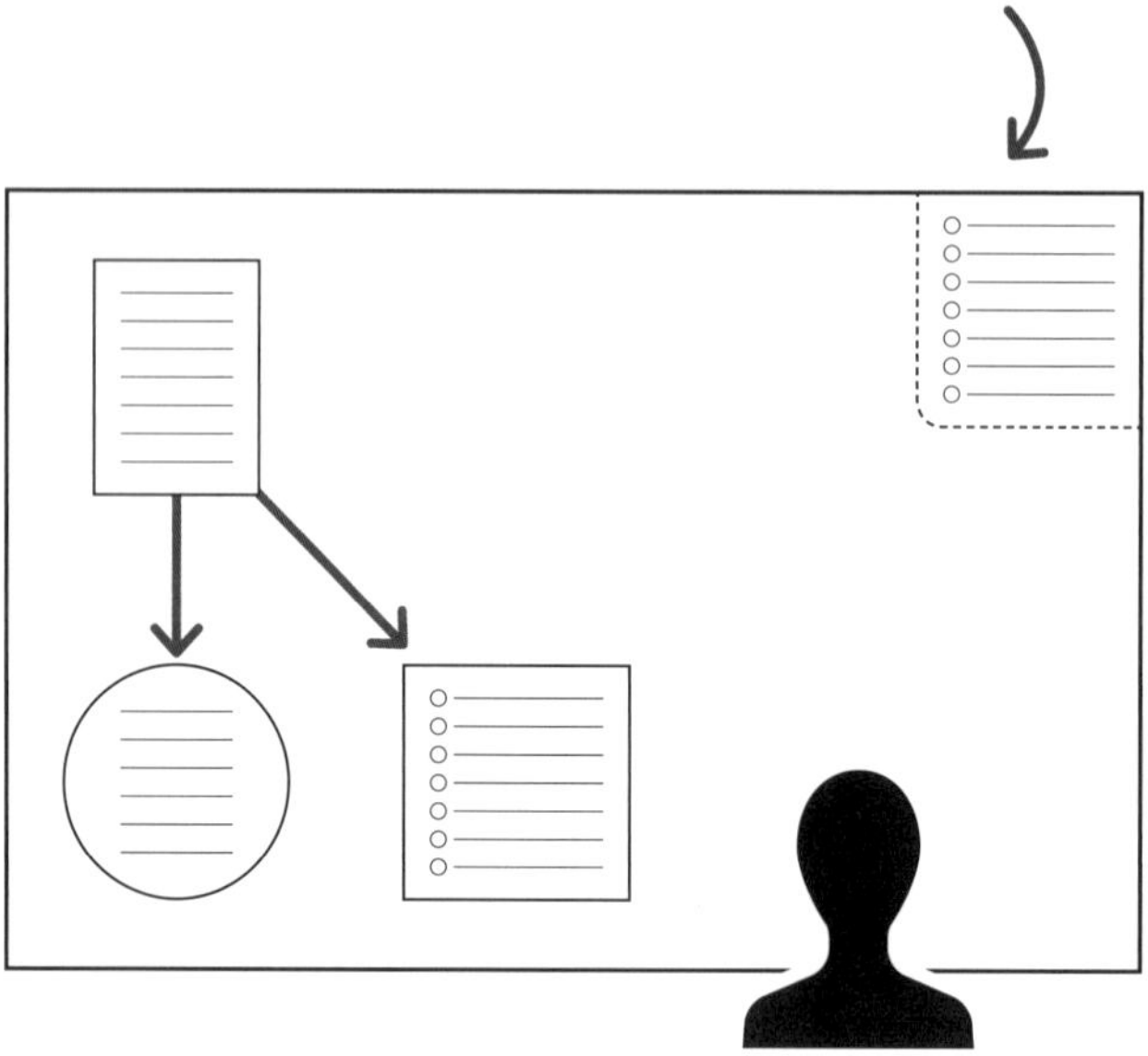

パーキングロットは、少しずれた話をする人に対して、嫌な気持ちにさせずに、論点を引き戻すツールとしても役立ちます。せっかく発言しても、それが取り上げられないと、話した人は不満に感じます。

そこでパーキングロットに入れておけば、「良い指摘なので、尊重していますよ」という合図になります。本来話したかった論点の議論が片付き、まだ時間が残っていれば、パーキングロットの話に戻ることもできます。

「バルコニー」から議論を冷静に俯瞰する

意見が出ないのも困るのですが、みんなが熱くなって収拾がつかなくなってしまうのも問題です。そんなときには、「ちょっと冷静になろう」と声をかけて、議論の熱をコントロールすることも、ファシリテーションの大事なテクニックの1つです。特に、オーナーは自分の求めるアウトプットにまで導くために、最も冷静でかつ客観的でないといけません。

冷静さを保つための1つの方法として、英語では「バルコニーから見下ろせ」という言い方があり、アマゾンの会議でもよく言われます。ダンスホールでみんなと一緒に踊っていると、冷静に全体を見渡すことできなくなります。だから、「いったんバルコニーに上って、みんなの動きを見てみなさい」という意味です。

それを実践するテクニックが、席を立ってみること。実際に、アマゾンでは会議中に誰かが急に席を立つことがよくあります。そうすると見える景色が変わるので、今までと少し違う観点から話せるようになるのです。

これら3つのテクニックは、アマゾンのリーダーシップ研修で教わったものですが、実際にやってみると、非常に役立ちました。

「バルコニー」から俯瞰する
同じ目線の高さだと
周囲の空気にのまれる
物理的に目線を高くすると
違う視点が手に入る

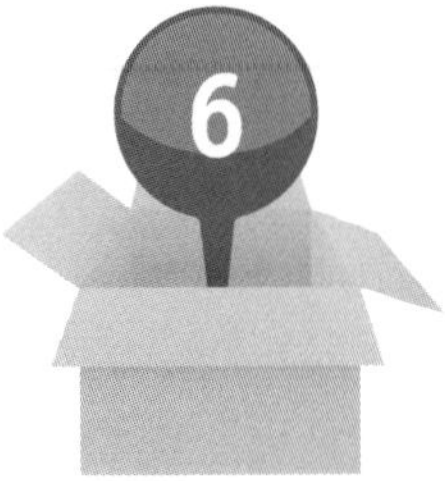

ベゾスが嫌う ソーシャル・コヒージョン

「足して2で割る答え」は禁物

会議で議論をしていると、落としどころを見つけようとして、つい妥協してしまうことがあります。そうした結論の出し方について、ベゾスが口を酸っぱくして言っていたのが、**「ソーシャル・コヒージョン（Social Cohesion）に気をつけなさい」**ということでした。

ソーシャル・コヒージョンは日本語に訳すと「社会的一体性」です。つまり「社会的なしがらみに配慮して妥協するような結論の出し方はやめろ」と戒めているのです。どういうことでしょうか。

ベゾスはこんな例え話をしています。Aさんと Bさんの2人が、天井の高さを目視しま

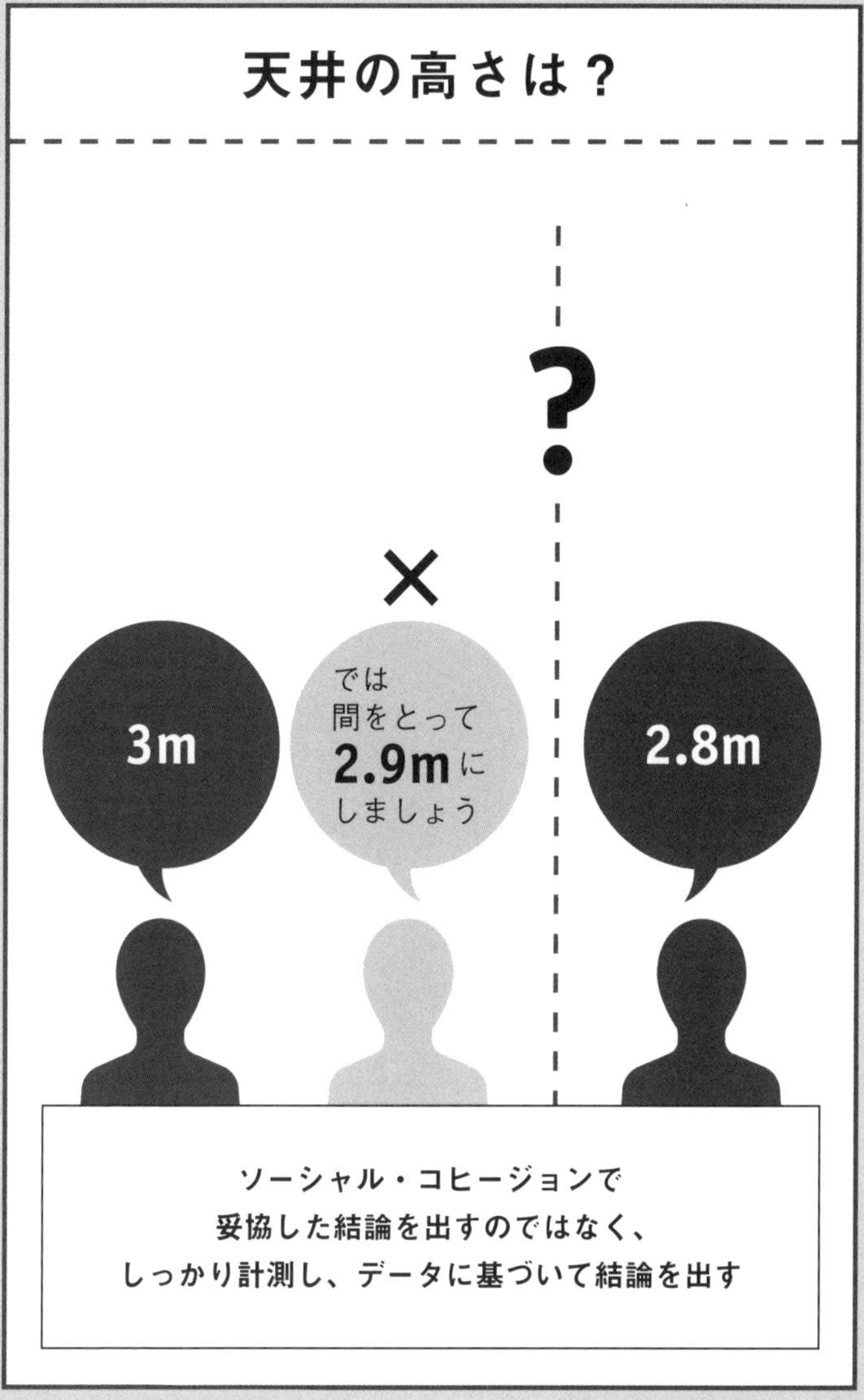
天井の高さは？
×
3m
では
間をとって
2.9mに
しましょう
?
2.8m
ソーシャル・コヒージョンで
妥協した結論を出すのではなく、
しっかり計測し、データに基づいて結論を出すした。そしてAさんは「3メートル」、Bさんは「2・8メートル」だと思いました。こんなときにありがちなのは、「では2人の意見の間をとって、2・9メートルにしておこう」と安易に妥協して結論を出してしまうこと。これがソーシャル・コヒージョンです。

「ちゃんとメジャーで天井の高さを測定しなさい」というのがベゾスの主張です。なぜなら、このような妥協をすることは、**お客様に対して妥協することになる**からです。

お客様が実際に求めているのは3メートルかもしれません。それを提供側が「落としどころ」として勝手に2・9メートルにしてしまえば、10センチ分、お客様の期待に応えられないことになります。

安易に「2つの意見の中間を、落としどころとして採用する」ような意思決定はしないで、事実を確認して、それに基づき最善の意思決定をする。これは非常に重要なことで、CHAPTER4で取り上げるPDCAやポストモーテムにもつながっていく考え方です。

ソーシャル・コヒージョンが多い日本の会議

天井の高さの話は、あくまで一つの例え話です。実際に、2つの意見の間を結論として採用するということはないかもしれませんが、事実やデータに基づいて結論を出すべきところに、社会的なしがらみが影響を及ぼしてしまうケースは少なくありません。

たとえば「あの人には世話になったから」とか「あの部署の意見も少しは聞かないといけない」などと、意思決定に不純な趣旨が混じり込むことです。これらは典型的な、ソーシャル・コヒージョンです。

そういう視点で日本の会議を見ると、正直なところ「落とし所の嵐だ」と感じてしまいます。根回しをして、妥協点を見つけておいて、その収束点に向かって会議を運営していく。そして、その落としどころで着地させて、「今日もうまくいきました」、とする。これでは、会議の席上で議論することよりも、裏側でどれだけ態勢を固めておけるかが重要になってきます。結論も妥協の産物でしかないため、全体のスタンダードを押し下げ、会議は単なる形式にすぎないものとなります。

もちろん、アマゾンにまったく根回しがないわけではありません。収拾がつきそうにないと予想される場合、事前にキーパーソンに対して、自分の持っていきたい方向性を伝え、それをバックアップするデータをもとに説得し、味方につけておくアプローチをとることもあります。ただし、これは妥協ではなく、あくまでも自分の達成したい目標を通しやすくするための戦術であり、リーダーシップ・スキルの1つとして研修でも習うことです。根回しで議論をゆがめ、妥協した結論を「落としどころ」にしていては、確かに効率よく「決まる」とはいえ、最高の意思決定（アウトプット）とはほど遠いものになります。

アマゾンの「意思決定会議」では、ソーシャル・コヒージョンの結論や、妥協による「落としどころ」は忌み嫌われ、常にＯＬＰの一つである「**Customer Obsession（顧客第一主義がすべての基準）**」に沿って議論されます。会議の最中も、頻繁に「それはお客様のためになるんだっけ？」という問いかけがなされます。

「Customer Obsession」については、ＣＨＡＰＴＥＲ５で詳しくご紹介します。

7 Have Backbone; Disagree and Commitの精神を全員が持つ

反論があれば会議の席で

「Have Backbone; Disagree and Commit」とは、CHAPTER5で詳しく紹介するアマゾンのOLPの一つです。日本語に訳すと「**しっかりとした考えを持ち、反論があれば会議の席で異を唱えること。一度同意したらコミットすること**」という意味になります。

「意思決定会議」でも、このOLPが大変大きな意味を持ちます。2つに分けて、そのことについてご説明しましょう。まずは前段の「しっかりとした考えを持ち、反論があれば会議の席で異を唱える」について。

日本企業の会議では、一言も発言しない出席者をよく見かけます。話すのは2人くらい。

その他大勢は聞いているだけ。下手をすれば、パソコンを開いて内職仕事をしている人も。これでは、そこにいるだけ無駄であり、その時間を他の仕事に回すべきでしょう。

会議は議論を交わす場です。会議に呼ばれた人には発言する義務があります。その部署の代表者として選ばれてきているはずなので、意見を言わなければ、その部署の視点が反映されないことになります。

賛成できないことがあれば、なぜ違うと思うのかについて説明する義務があります。ましてや、その場で何も言わなかったにもかかわらず、後から結果を見て「やっぱり失敗したじゃないか」などと言うのは後出しじゃんけんで反則です。

アマゾンではこのOLPを社員で共有し、会議において実践することを求めています。

一度同意したらコミット

次に後段ですが、意見を戦わせて納得がいったなら、**内心では気が進まなかったとしても、100%の力を使ってコミットしなくてはなりません**。これもアマゾニアンの責務です。

100%の力を使うから物事は成功するのです。いやいや80%の力で取り組めば、必ず

後出しじゃんけんを許さない アマゾンの人事評価

会議

▼
▼
▼

360°評価による同僚からのヒアリング

・Aさんは会議に反対しなかったのに後で文句を言ってる

▼
▼
▼

・**改善項目（ルーム・フォー・インプルーブメント）**
・**年次評価が下がる**

失敗します。万が一問題が起こったときにも「だから嫌だったのだ」と文句を垂れることはアマゾンでは御法度です。会議で同意した全員が、責任を持って対応しなくてはなりません。

もしアマゾンの会議を参考にしようと思うなら、せめて会議の場だけでも、この「Have Backbone; Disagree and Commit」の理念は共有しておくと良いでしょう。

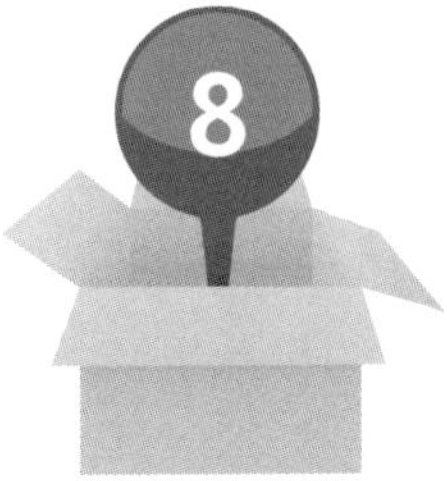

会議の最後にメジャー・オブ・サクセスを設定する

３Ｗを決めてから会議を終える

会議は終わり方が非常に重要です。どんなことを話し合い、何が決まったかという振り返りをするだけでなく、次のステップにつながる形で終えることが重要です。

一番避けたい終わり方は、「議論が白熱した。良かった」と曖昧な形で閉幕してしまうことです。オーナーは会議で決まったことは、その担当者が後はやってくれるだろうと期待するのですが、**３Ｗ（What・Who・When）**が曖昧なままだと、思った通りに事が運ばない状況になりがちです。

何らかの意思決定をして、次にやることがわかっている場合、「何」を「誰」が「いつ」

までにやるかを決めておかない限り、実行に結びつかないと思ったほうがいいでしょう。

この「何」「誰」「いつ」という3要素のうち、特に抜け落ちやすいのが「誰」と「いつ」です。たとえば、「この部署が担当ね」という言い方をしているときには、注意しなくてはなりません。同じ部署から複数の人が会議に出ていると、お互いがお見合いして誰も動かなくなることがよくあります。野球に例えると、守っている野手と野手の真ん中にボールが落ちて、ポテンヒットを許してしまう状況です。

これを避けるためには、必ず**個人名で依頼する**こと。あるいは、最初に出席者を厳選し、同じ部署から1人だけ出ている状態にします。そうすれば、必然的にその人が責任を持って動くようになります。

同様に「だいたい来月上旬ね」という決め方も、ずるずると遅れていく原因となります。どこまでが上旬で、どこが中旬なのか。20日は中旬か、下旬かと、人によって感覚が違うこともあるからです。

なるべく曖昧な言い方を避け、何月何日、金曜日の朝と、具体的な日付で確認をとるといいでしょう。

メジャー・オブ・サクセスとは

意思決定会議で重要なのは、何かのプロジェクトをやると決まったら、それに続けて、それをどのようなやり方で進めるか、最終的にどうなれば成功と言えるのかも明らかにしておくことです。何事も客観的に測定できるようにしておかない限り、やりっぱなしで終わり、効果があったか検証できなかったり、次につながる学びが得られなくなります。

アマゾンでは、決定事項の進捗管理ができるように、メジャー・オブ・サクセス（成否を測るものさし）として、必ずKPIを設定し、数字で把握できるようにします。詳細はCHAPTER4で取り上げますが、客観的な数字で実施状況をモニターし、うまくいかないときには、すぐに手が打てるようにしています。

KPIがあれば、PDCAサイクルが回しやすくなり、プロジェクトの成功率が高まります。当たり前のことですが、会議の生産性を本当に決めるのは、どんな議論がされたかではなく、どんな成果を挙げたか、なのです。

CHAPTER 3

新規事業や改善提案が
次々に生まれる

アマゾン流
アイデア出し
会議

日本企業はアイデア出し会議が足りない

「情報伝達の会議」など、いろいろと無駄な会議が多い一方で、日本企業がもっと増やしたほうがいいと思う会議があります。アイデア出しの会議です。社内でアイデア出しの会議をファシリテートできる人を育てて、その人たちを中心に会議を推進していけば、もっともっと良いアイデアが出てくるようになるでしょう。

もともと日本の製造業では、現場からいろいろなアイデアが出てきて、それで改善活動をやってきました。パートの従業員が、「ここで作業すると、いつもエラーが起きるのよね。なんか振動しているみたいよ」と気づいてしまう現場力のすごさに、海外企業も圧倒されたのです。

問題は、工場内でそれができたとしても、本社ではできないことです。特に、会議のように改まった席になると急に、ボトムアップでいろいろなアイデアが出てくる環境が消えていきます。

アイデアは現場にあります。みんなでブレインストーミング（以下ブレスト）を行ってアイデア出しをして、実行に移す。そういう当たり前のことをするだけでも、事務処理であれ何であれ効率が飛躍的にアップします。

それを実現させるためにも、アイデアを引き出せる環境の整備、会議スタイルや進め方の工夫を考えてみるといいと思います。

というわけで本章では、アマゾンの会議の中でもアイデアを出すための「ブレスト」と「オフサイト・ミーティング」について紹介します。

アマゾンは「ブレスト」が大好き

ブレストを身近なものにする

アマゾンで、何かのアイデアが求められる際によく使われる手法がブレインストーミング（ブレスト）です。名前は知っているけれど、実際にやったことはないという人も案外多いのではないでしょうか。

私自身も前々職のセガでは部内でブレストをしたことはありませんでした。おそらく、何もないところから新しいことを生み出す作業は、経営企画や新規事業の開発に携わる一部の部署に限定され、通常業務では行われていないからでしょう。

一方、米国人は学校の授業で、みんなでディスカッションし、アイデアを出し、まとめるという一連の作業を経験しているせいか、会社でもブレストをよく行います。アマゾンでも日常業務の中で頻繁に活用していました。

慣れてしまえば、ブレストはそれほど難しい手法でもありません。それこそアマゾンで検索すればそういうテクニック本はたくさん売られているので、そういうものを参考にしながら、日常業務の中にもっと組み込むことをお勧めします。

特に、「各自で企画を考えてきてください」と宿題を出しても、平凡なアイデアしか出てこない場合、ブレストの手法を採り入れてみると、少し変化が見られるかもしれません。

自分1人では思いつかなくても、ある人のアイデアに触発されて、新たなアイデアが誘発され、化学反応が起き始めることもあります。

奇抜なアイデアや、実現可能ではない、あるいは、非常にお金や工数がかかるアイデアだったとしても、そういうやり方が存在することさえわかれば、それをもっと効率よくできないか、お金をかけずにできないかと、実現に向けたアプローチを考える糸口になります。

これは、普段の積み上げ方式で考えても絶対に出てきません。それこそが、ブレストの最大の効果と言えるでしょう。

どんな場合で使うべきか

ブレストは確かに効果の期待できる手法です。しかし、何でもかんでもやたらに「じゃあ、ブレストしよう」と言い出す人がいますが、これもまた問題です。時と場合によって使い分けをすることが大切です。

ソリューションがある程度見えている場合は、普通に意見を出して議論したほうが効率的です。方向性がわかっているので、新しいクリエイティブなアイデアよりも、現実的に具体策を詰めていくほうが重要になるからです。

ブレストが効果的なのは、**そもそもソリューションがよくわからない、あるいは、ゴールを達成するための方法論がわからない**ときです。こうした場合は、ブレストをすることで、みんなの持っている様々なアイデアが引き出され、斬新なソリューションが見つかる可能性があります。

アマゾンでは、社内でサクッと少人数でブレストをすることもあれば、後でご紹介する「オフサイト・ミーティング」で、大規模なブレストをすることもあります。

規模の大小を問わず、アマゾンでは頻繁にブレストが行われており、これが数多くの新規事業、新サービスを生み出した原動力となっているのです。

具体的なブレストのやり方について、次の節からご説明しましょう。まずは、社外で行う大規模なオフサイト・ミーティングのブレストではなく、社内でできるブレストから見ていくことにします。

ディスカッションとブレストを使い分ける

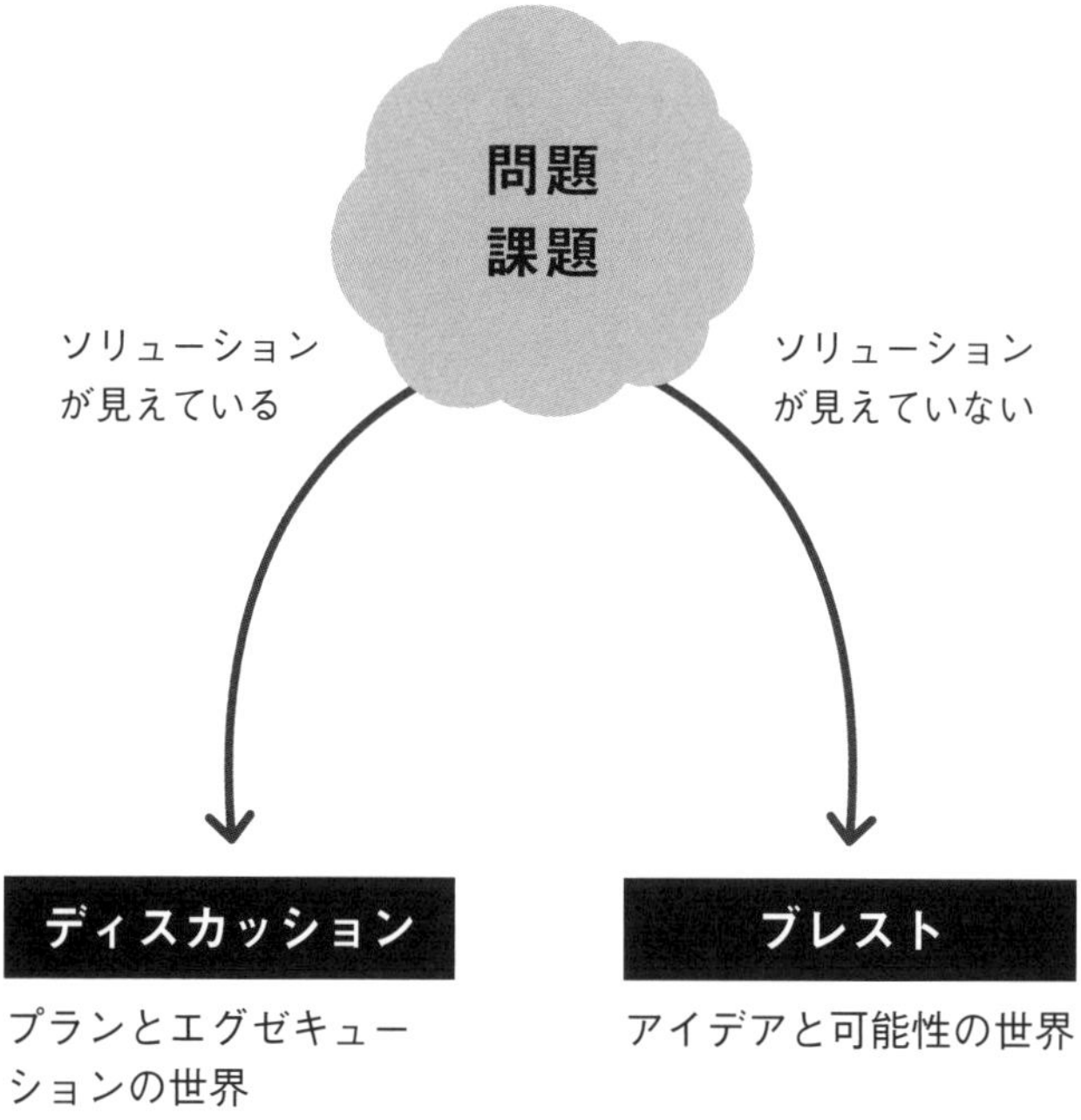

アマゾン流 ブレストのルール

参加者&チーム編成

ブレストは1人ではできません。通常は、部門の中で、あるいは混成メンバーで**5～6人**のチームを作り、アイデアを出し合います。

ブレストには、それなりの人数がいたほうが多様なアイデアが出てきて効果的ですが、多ければいいというわけでもありません。

ちなみに、アマゾンの組織は「**ピザ2枚チーム**」（16インチピザを2枚食べきれる人数、通常6人～8人程度）という考え方で作られています。この背景にあるのは、「大人数であれこれ議論しても何も解決しない」「その問題に対応できる人たちが集まって話したほうが効率的だ」という考え方です。

その思想の表れでしょうか、アマゾンには、何十人も入れる会議室は少なく、最大8人程度の部屋や4人程度の部屋（ワン・オン・ワンでよく使います）がたくさん用意されています。このサイズ感からもわかるように、アマゾンでは5～6人でブレスト会議を行うことが多いです。

用意するもの❶ ホワイトボード

ブレストにホワイトボードは必需品です。言葉は話す傍から消えていくので、ブレストで出た参加者の意見を書き留めることは重要です。

議長（オーナー）がノートにメモをとりながらやるスタイルも見かけますが、ただ聞き取り調査しているだけのようになってしまいます。やはり立ち上がって、ホワイトボードに書きながら話をしたほうが、議論は活性化します。

また、言葉になっているものを図式化したり、フローチャートで整理したり、**文字だけでなく図形も組み合わせたりする**と、出席者の理解を促し、方向性を合わせていくのに役立ちます。

アマゾンでの私の上司は大のホワイトボード好きで、書きながら思考をまとめるタイプでした。私も彼に「ホワイトボードを使って整理しなさい」と言われ続けるうちに、いつの間にかホワイトボードに書く癖がついていました。

なお、社外で行うオフサイト・ミーティングでは、**模造紙**も非常に重宝します。プレゼンテーション時に模造紙をそのまま壁に貼って説明できる上、くるくると丸めて持ち運べるので、会社に持ち帰り、後から見直すときにも便利です。

個人的に愛用していたのがポスト・イットタイプの模造紙です。方眼罫があって書きやすく、1枚ずつはがして壁に貼れるところも便利でした。他にもイーゼルに立てるタイプ、テーブルに立つものなど、いろいろな種類のものがあるので、探してみれば自分たちの環境ややり方に合うものが見つかるかもしれません。

用意するもの❷ ポスト・イット

ポスト・イットもアイデア出しの必需品です。みんなで一斉にポスト・イットに思いついたことを書き出し、それをホワイトボードや模造紙の上にペタペタ貼って、グルーピングしながら、問題点はどれか、それをどう解消するか、こんなサービスを提供したらどうかと議論や分析をするのです。

ファシリテーターが1人ずつ話を聞き、ホワイトボードや模造紙に書き込むやり方よりも、全員で一斉にポスト・イットに書いたほうが、短時間で効率的に意見を表出させることができます。

ブレストに必要なもの

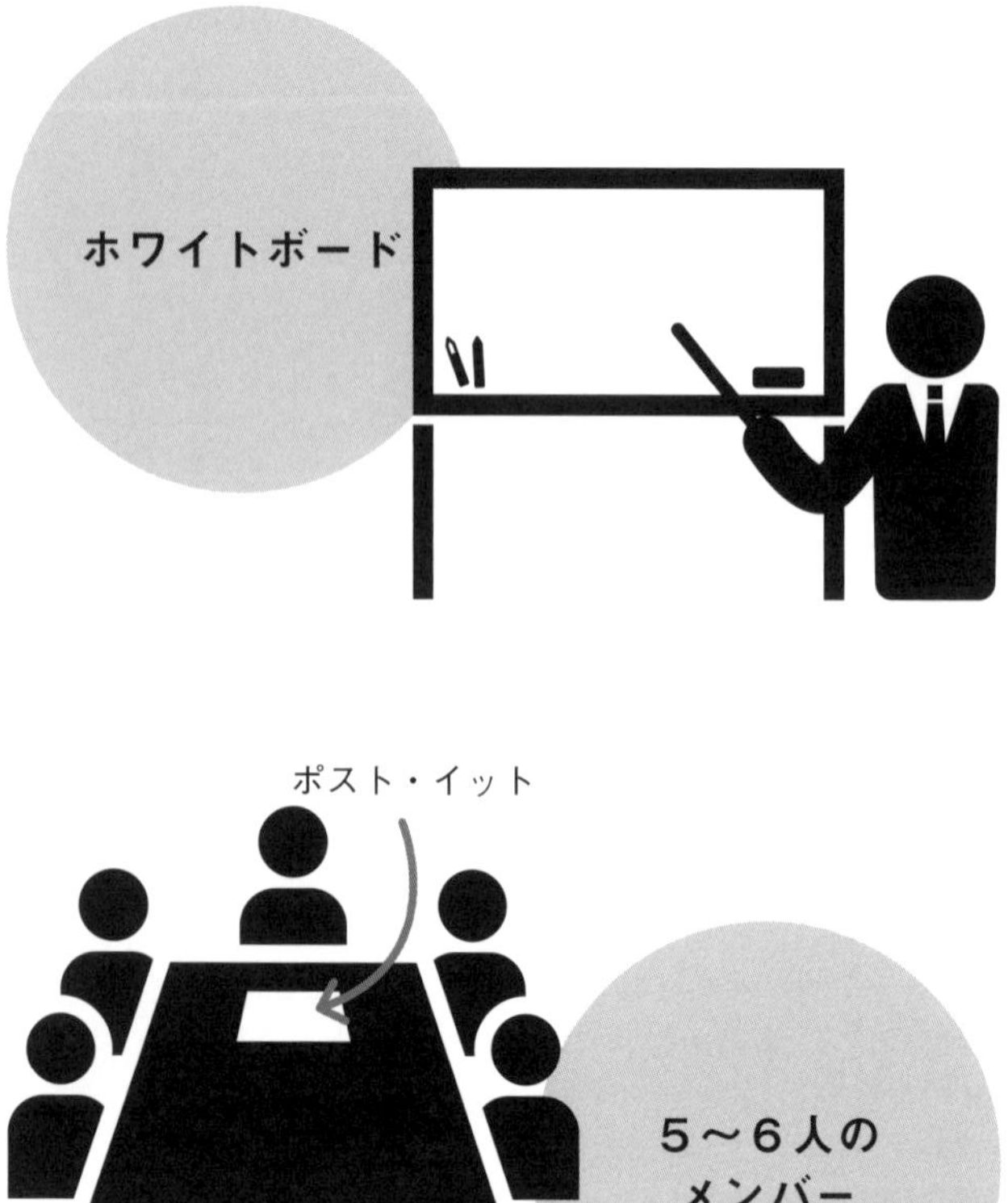
ホワイトボード
ポスト・イット
5～6人の
メンバー

COLUMN

エレベーターの中のホワイトボード

アマゾンの会議室には、すべてホワイトボードが設置されています。中には壁が全面ホワイトボードになっている部屋まであります。

日本企業の会議室は、応接室タイプでホワイトボードが設置されていないこともありますが、壁をホワイトボードにすることは意外に簡単です。マグネット式で壁に貼って使えるような便利な商品もあります。

ちなみに、シアトルにあるアマゾン本社では、一部のエレベーターの中まで、ホワイトボードになっています。「TGIF（thank God it's Friday　金曜日だ。万歳）」といった他愛のないメッセージも書かれていますが、ときには、そこで居合わせた人が議論して、メモ代わりにしたらしき痕跡が残っていることも。

つくづくアマゾンではホワイトボード文化が浸透しているのだなと、驚いてしまいました。

ブレストを効率よく進めるコツ

ブレストの基本

ある課題（たとえば、来期の方針）について話し合い、全チームがそれぞれのアウトプットを発表し、質疑応答をするというのが、典型的なやり方です。

大規模なブレストの場合、２時間後に発表会をするというように時間を区切って、その後の進め方はチームに任せます。チーム内にファシリテーションが上手な人がいると、最初に時間配分を決めて、アイデア出し、意見の整理、まとめ、紙に転写という一連のプロセスをスムーズに進めていきます。

またブレストをする際には、通常の会議と同じく、タイムキーピングをしながら作業していかないと、時間内にアウトプットが出ないこともあります。

ブレインストーミングをうまく活用するには、少しコツも必要です。ただし、特別な才能がなくとも、場数さえ踏めば、誰でもそれなりにできるようになります。これは私自身が身をもって体験してきた実感です。

私がアマゾンで体得したブレストのコツを紹介しましょう。

時間を短く切って「クイック・アンド・ダーティ」

アイデア出しの時間は短めに設定すること。なぜなら、あまり**熟考する時間を与えすぎると、きれいな回答しか出てこない**からです。

面白いことに、「自由に考えて」というよりも、「この範囲で考えて」というように少し制約があったほうが考えやすくなります。制約を設けるという意味では、時間制限も有効なのです。

仮に1時間の枠をとっていて、30分はアイデア出し、残りの30分でまとめにしようという場合でも、「アイデア出しを30分でやってみてください」と言うよりも、「5分間で書けるだけ書いてください」と言ったほうがアイデアは出てきます。

クイック・アンド・ダーティで、とにかくアイデアの量を出す

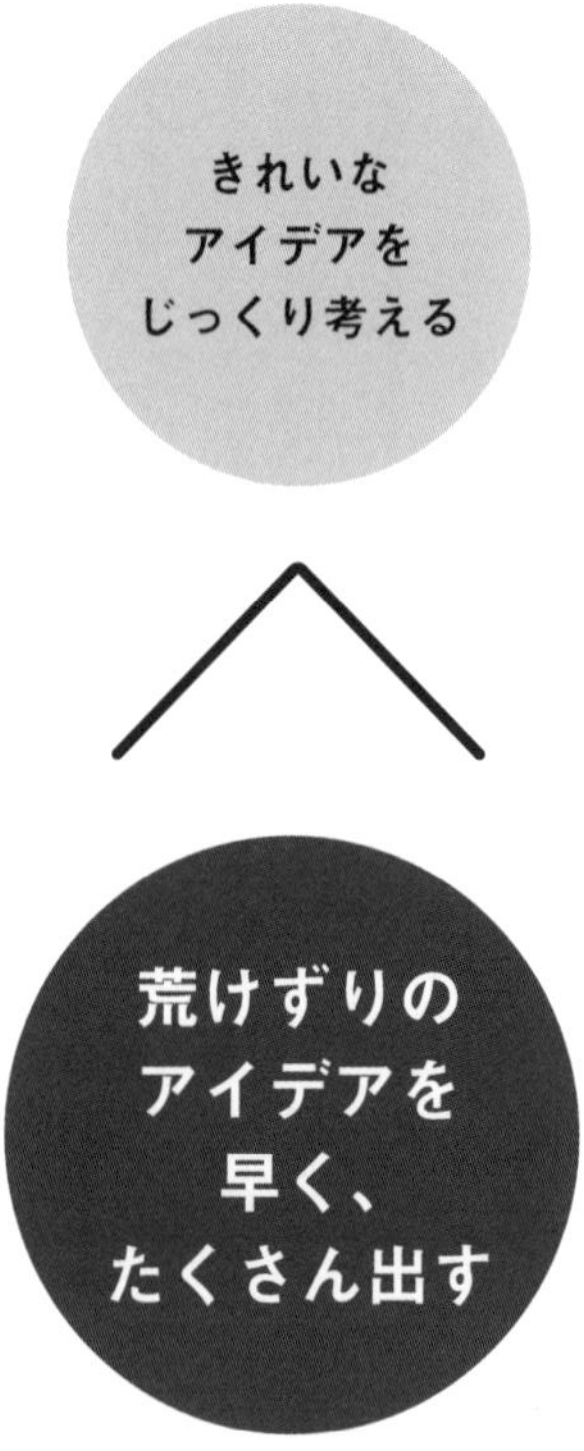
きれいな
アイデアを
じっくり考える
荒けずりの
アイデアを
早く、
たくさん出す

それで時間が足りないなら、追加すればいいし、みんなの筆が止まった時点で区切り、途中で思いついたら、また書き出してもらったりしてもかまいません。

ブレインストーミングで求められているのは、普段考えるときと同じような、完璧なソリューションではありません。「**クイック・アンド・ダーティ（完璧でなくてもいいから、早く）**」の精神で、とにかく量を出したほうが、磨くと輝くダイヤの原石が含まれている可能性が高くなります。

多様な人材を入れる

現場の1人1人は必ず知恵を持っています。したがってメンバーが20人いるなら、そのうちの5人だけ、というように一部限定でブレインストーミングするよりも、20人全員の知恵を使ったほうが新しいものが生まれる確率が高まります。もちろん、日常的に行うちょっとしたブレストでは難しいですが、オフサイト・ミーティングのような場では、なるべく多様な人材を組み入れるべきです。

ただし、人数が多ければ多いほど、アウトプットの質が高くなるわけではありません。ブレストでは、人選が非常に重要です。同じようなタイプの人を集めても、出てくるのは似たようなアイデアばかりになるでしょう。

参加メンバーの人選は、なるべく同じ部署の人だけで固めずに、財務や営業など**他部門の人も交えたほうが、物事を捉える角度が広がります**。自分たちには当たり前でも、他部門の人には疑問だらけだったりするので、「それはなぜか」と聞かれることによって、ひらめきが生まれたりします。

また、チームの中に上下関係があると、遠慮して自分のアイデアが言えないこともあります。そうしたことを防ぐよう、チーム分けの組み合わせにも配慮が必要です。

フレームワークを活用する

参加者のアイデアやポスト・イットに書き出されたものは、その人の頭の中にある言葉なので、他の人には意味不明だったり、言いたいことが言葉から受けるイメージとは違っていることもあります。ファシリテーターは、「これは何か?」と聞いて、意味を確認することが大切です。そして、他との共通点があれば、ホワイトボードの同じカテゴリーにまとめるなど整理していきます。

アイデアを出した後に、どうまとめていくかは、ファシリテーターの腕の見せ所です。

代表的なフレームワークの例

3C

- Customer 顧客
- Company 自社
- Competitor 競合

4C

- Customer-value 顧客価値
- Customer Cost 顧客の負担
- Convenience 利便性
- Communication コミュニケーション

SWOT

	プラス	マイナス
内部環境	Strength 強み	Weakness 弱み
外部環境	Opportunity 機会	Threat 脅威

4P

- Product 製品・サービス
- Price 価格
- Place 流通
- Promotion プロモーション

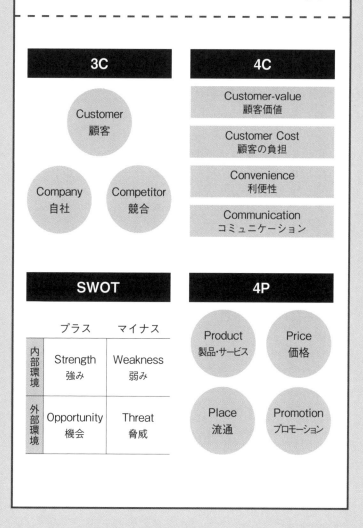

玉石混淆で方向性がバラバラに見えても、似ているものを**グループ分け**していくうちに、カテゴリーが見えてくるものです。

このとき、既存の**フレームワーク**も役立ちます。たとえば、私はオペレーションを担当してきたので、現場の問題点を考えるとき、製造業でよく使われる4M（Man：人、Method：方法、Material：材料、Machine：機械）で整理するやり方をよく用いました。慣れてくると「これはお金に関わることだ」「環境に関わることだ」というように、問題に合わせて適切な分け方が可能になります。

オーナーが介入しすぎない

「意思決定会議」では、会議のオーナーが会議全体を掌握し、コントロールすることが大事だと述べました。しかしブレスト（アイデア出し会議）では、**オーナーが会議の中に入らないほうがいい**場合もあります。

特にボトムアップで意見を引き出したい場合、上位職のオーナーが加わることで、オーナーの発言が正しいかのように受け止められて、みんなが思考停止に陥り、奇抜なアイデアが出にくくなることもあるからです。

そういう恣意的なアイデア出しでは意味がないので、チームの自主性に任せて、必要以上に介入しないことが大切です。

私自身がオーナーを務めたときにも、一歩引いて全体を見るように心がけていました。ディスカッション・グループに入ってしまうと、そこに頭が引っ張られ、他のアイデアが見えなくなってしまうからです。

ワーク中はそれぞれのチームを見て回り、議論が詰まっていれば助け舟を出したり、タイムキーピングして最後にうまくまとめたりできるよう、オーナーはサポート役に徹するようにしていました。

アマゾン式 オフサイト・ミーティング

社外で会議をするメリット

私が中小企業のコンサルティングに入ったときに、実践してみて、「とても新鮮だった」という感想をいただくことが多いのが、ブレインストーミングとオフサイト・ミーティングです。特に後者については、日本企業ではあまり馴染みがないかもしれません。しかし、外資系企業に勤めている方にとっては、お馴染みの会議形態でしょう。

オフサイト・ミーティングとは、**会社から離れた場所で行う会議**を指します。長時間の会議になると、電話が入ってきたり、誰かが呼びにきたり、必ず邪魔が入るものです。何らかのテーマを集中的に議論したいときに、余計なノイズを取り払うために、場所を変えようというのが、もともとの考え方となっています。

組織の長、たとえば、事業部長と部長数名、その下の選抜された課長など、マネジメント・メンバーが集まって、来期の行動計画や、事業部の方針を決定したり、じっくりとアイデアを出して企画を練り上げるような作業をしたりするときによく用いられます。

たとえば、私がアマゾンで所属していた部署は、サプライチェーン、倉庫のオペレーション、トランスポーテーション、カスタマーサービスの4部隊で構成されていましたが、各部隊のトップ、バイスプレジデント、各部門のディレクター、ゼネラルマネジャー、選抜されたシニアマネジャーなどが年1回集まって中長期の戦略を話し合いました。その際には、那須や小田原のホテルを借りて、1泊2日から2泊3日のオフサイト・ミーティングを開くのが恒例となっていました。参加するのは総勢20〜25人程度。シニアマネジメント層から会社の経営方針をみんなに話すようなときには、もう少し人数が増えることもあります。この他、部門単位でオフサイト・ミーティングを行うこともありました。

観光地に行くことが目的ではない

オフサイト・ミーティングに適した場所の条件は、まず集まって議論できるスペースがあること。宿泊するときには宿泊施設も必要になります。こうした環境でブレストをすると、普段会社にいては見えなかったアイデアや、聞こえてこなかった意見を目の当たりにすることになります。

最近では日本でも流行ってきたようで、民家や学校などを登録してイベントやパーティーなどの会場として貸し出したり、湘南の海沿いなどおしゃれなロケーションの施設にプロジェクター、ホワイトボードなどビジネス向けファシリティーなどを揃えて海外企業やベンチャーを誘致するサービスなどが登場しています。

このためオフサイト・ミーティングというと観光地に行くものと考えている人もいるかもしれませんが、それは誤解です。基本的に「**外部から隔離された環境**」であることがポイントです。だから、都内のホテルや会議室を借り切って、隔離された環境を作ることでも、オフサイト・ミーティングは可能なのです。

ただし、オフィスにあまりにも近いと、何かあるたびに呼び出されたり、自分自身も気になることがあるとつい戻ってしまったりと、普段の仕事から意識が離れにくくなります。会議の目的にもよりますが、日常業務から距離をとり、物理的な環境を変えて、隔離された状態を作ったほうが、より効果が高くなることが多いのです。

オフサイト・ミーティング

会場

- 普段の仕事場から離れた場所
- できれば物理的にも遠い所
- オフラインにする

効果

- 会議に集中できる
- いつもと異なる刺激を得られる

オフサイトだけでなくオフラインにもする

オフサイト・ミーティングでは「**オフライン**」にすることも大事です。スマホやパソコンを閉じて、自分の頭で考えたり議論したりすることだけに専念するのです。

朝の9時から5時までのミーティング中は携帯電話の電源を切るか、マナーモードにして、基本的に出ないようにします。メールチェックも休憩時間や夕食後のフリータイムのみ。そうやってノイズを無くし、日常業務から距離を置くことが最も重要なポイントです。

携帯電話の電源を切ってパソコンを閉じるだけなら、実は社内の会議室でも実施することは可能ですが、オフサイト・ミーティングの良さは、いつもの職場から離れることで、気分が変わり、異なる刺激を受けられるところにあります。特に、イノベーティブなことを考えたいときは、環境を変えたほうが効果的です。

物理的な環境を整える

オフサイト・ミーティングでは、物理的な環境を整えることも非常に重要です。たとえば、ディスカッションのしやすさは机の置き方ひとつで変わります。大きく周りを囲むようにするのか。丸テーブルを散らばらせて、チームを動かすのか。内容によって工夫します。

さらに、みんながいかに気持ちよく過ごせるかも、重視しなくてはなりません。というのは、出席者がどれだけ頭を使ったり、議論することに専念できるかで、アウトプットの質が変わってくるからです。

思考の妨げとなることはすべて排除したいのですが、その一方で、あまりにも周囲と隔離された場所では気軽に買い物にも出られません。不便な場所で開くときには、飲み物やお弁当、息抜き用のお菓子など、必要なものを用意しておく必要があります。

こうした細かな手配をするのは、オーナーの役割です。オフサイト・ミーティングの成否のカギは、そういう見えない心配りにあるのです。

COLUMN

アマゾン最大の
オフサイト・ミーティング

アマゾンのワールドワイドオペレーション・カスタマーサービスで毎年行われる年次ミーティングは、同社の最大のオフサイト・ミーティングです。世界中のオペレーション部隊のバイスプレジデント、ゼネラルマネジャー、ディレクター、選抜シニアマネジャーなど、総勢300人近くが3～4日間シアトルに集結します。

この年次ミーティングは、人数が少ないうちは本社で行っていました。しかし、会社の規模が大きくなり参加者が300人にもなったころ、さすがに収容しきれなくなったので、大きなホテルの巨大ボールルームを借り切るようになったのです。

このオフサイト・ミーティングでは、午前中はいろいろな講演を聞き、午後はチームに分かれてディスカッションやワークをしたり、企業見学などに出かけたりします。

5
オフサイト・ミーティングで行われるアマゾンのリーダー研修

オフサイト研修でリーダーシップを磨く

オフサイト・ミーティングは、「アイデア出し会議」だけではなく、研修にも有効です。

私が在籍していた頃、アマゾンのリーダーシップ研修は、シアトルから2時間くらい離れた山奥に1週間缶詰になるオフサイト・ミーティングの形で実施されていました。

研修は座学だけではなく、演習形式のものもありました。演習後に、互いにフィードバックして、「あの発言はよかった」と褒めたり、「ここは直したほうがいい」と指摘し合うセッションもあるのですが、これは自分では見えていない部分に気づく機会になります。

環境を変えて邪魔なノイズが入らない状況での研修は、日常業務とは違う頭を使うので、良い刺激になりました。

アマゾン式リーダー研修「ビジネスゲーム」

そのリーダー研修で、私にとって一番印象深かったのが、架空の会社を使ったビジネスゲームでした。同じ会社を3つ作り、受講者はCEO以下、セールス、マーケティング、製造など主要部門のバイスプレジデントやディレクターの任務を割り振られ、各自がその役割になりきってタスクをこなし、最終的に会社全体のアウトプットが最大になるよう、3社間で競い合うのです。

私が担当したのはマーケティング部門の責任者。前日に渡された封筒には、いろいろな人からのメールが入っていました。たとえば、東南アジアの販売担当者が政府の役人からわいろを要求されているが、どうすればいいか。慣習的に渡さないとビジネスができないので、渡したいけれど一応、あなたの判断を仰ぎたい。あるいは、自分の担当市場では、ある製品がよく売れているが、現状の生産量を見ると供給が間に合わない。製造部門に掛け合って、生産を増やしてもらえないか、といった具合です。夜中の2時や3時までかかって読み込み、課題を整理し、優先順位を考え、入念に準備した状態で翌日のゲームに臨みました。

ゲーム開始直後に、私はさっそく工場のゼネラルマネジャーのところに直行しました。生産キャパシティを上げることが一番重要だと考えたからです。しかし、「うちの工場から公害物質が漏れ出して、環境庁から2カ月閉鎖を命じられた。それどころではない」という答えが返ってきたのです。

その瞬間に、一晩かけて考えたシナリオが崩れ去りました。自分だけの思い込みで、すべてがうまくいくと思っていたけれども、周りの環境は違っている。その中で、どう振る舞い、どのような優先順位で問題を解決するか。何をするにせよ他の人と打合せや交渉をしないといけないのですが、その相手も別の問題をいろいろと抱えています。誰もが混乱し、何も進まないまま2時間くらいが経過しました。

休憩後に、他チームの状況を探りに行くと、同じようなことが起こっていました。実はこのときに求められていたのは、自分だけでは判断できない状況の中で、会社として何をすべきかを決めて、それをCEOに提案すること。それにはチームで集まって話さなくてはなりません。誰が最初にリーダーシップをとって話を整理し、決められた時間内に、結論を導き出せるかという訓練だったのです。

カオスの後で、互いに駆け引きするのをやめて、各自が置かれている状況を共有し、解決策について話し合う方向に向かいましたが、とにかく心理的に追い詰められ、つらかったのを覚えています。特に自分には言葉のハンディがあるからだと思っていましたが、ネイティブの人も同じようにつらかったという感想を述べていました。

リーダーは会社の中で何を優先順位とすべきかを考え、結論を出さなくてはなりません。必ずしも賛同していなくても、判断を迫られ、説得しなくてはならないこともあります。それをまさに体感した経験となりました。

6 オフサイト・ミーティングの落とし穴

チームビルディングにも使える

オフサイト・ミーティングでは、会議だけでなく、チームビルディングを目的としたイベントが行われることもあります。みんなでアクティビティを行い、チームとしての一体感を作るのです。

たとえば私がよくやったのが、スパゲティ・チャレンジです。各チームにスパゲティ20本、1メートルの紐、60センチの紙テープ、マシュマロ1個が配られます。これらを使ってスパゲティを自立するように組み上げ、一番高い所にマシュマロを差し、その高さを競うのです。どのような構造にすれば自立するかは各チームで考えていくのですが、それぞれ個性が出て、なかなか白熱します。

そのように楽しみながら団結力を高めることは悪くないのですが、落とし穴もあります。単に会社から離れたところに行って、きれいな空気の中でリフレッシュして、みんなが仲良くなっただけでは、効果が少ないと言わざるをえません。

チームビルディングが主目的ならばそれでも構わないのですが、何かアイデアを募ったり、新しいことを考える機会としてオフサイト・ミーティングという形をとったならば、それなりのコストをかけて実施する以上、それなりのアウトプットが求められます。

「楽しかったね」で終わらせないために

私自身にも苦い経験があります。オフサイト・ミーティングを実施し、盛り上がったまではいいのですが、後から確認すると、任せたはずの人に「そんなの忘れていた」と言われてしまったのです。通常の会議と同じで、誰の責任で、いつまでに何をやるかまで、きっちりと決めておくべきでした。

どのような会議でも、単にアイデアを出してまとめれば終わりではなく、それを現実のものにするためのブリッジが大切であり、費用対効果を考えれば、そこまで要求されて当然だと思います。

オフサイト・ミーティングでも、オーナーとしては、少なくとも決まったことをリスト化し、**「いつ」「誰が」「何を」**行うのかを決める。そして後日、定期的に確認するところまで責任を持ってやりきることが不可欠です。そういうフォローアップをしない限り、ただの楽しい旅行で終わってしまうので、特に注意しなくてはなりません。

CHAPTER 4

プロジェクトを確実に前進させる

アマゾン流進捗管理会議

プロジェクトの成否は進捗管理で決まる

当たり前の話ですが、会議でどんなに良いアイデアが提案され、承認されても、それが実施されなければ成果はゼロになります。また、たとえ実施されたとしても、その後の進捗が行き当たりばったりでは、余程の幸運に恵まれない限り、得られる成果は限定的なものになるでしょう。

生まれたアイデアは、きちんと孵化させ、それが育つのを見守る必要があります。

新規事業がなかなか生み出せない企業にとって、アマゾンの会議が参考になる大きな理由は、「進捗や成果の管理」のやり方にあります。

結果を評価して改善策を考えるためのペース・メイキングとなるのが、進捗会議です。こうした会議を開くことで、自分たちが順調に仕事を進められているのか、何か補正を加えるべきかを常に見ていき、お互いに状況を共有できるなどの効果があります。

「意思決定会議」のところでも軽く触れたように、プロジェクトの実施と進め方が決まった後で、進捗状況をどのように見ていくか、メジャー・オブ・サクセスとなるＫＰＩを設定します。

ＫＰＩが決まったら、ＰＤＣＡサイクルを回していきます。とりあえずやってみて、結果を見て「よかったね」という単発の作業ではなく、常にＫＰＩを追いながら検証し、もっとより良いやり方はないかと考えながら修正を加えていきます。この作業は安定軌道に乗るまで続けます。

アマゾンの推進力を支える「メトリックス」

メトリックス＝ＫＰＩ＝飛行機の計器

プロジェクトを実施しているときに一番問題なのが、成功しているかどうかがよくわからない状態になることです。「うまくできている」と感覚的、主観的に思うだけではなく、客観的な根拠で状況を確認し、成功に向かって正しく進んでいるのかを見極められるようにしなくてはなりません。

たとえば、飛行機を飛ばすときに、モニターなしで、目視だけで操縦桿を握れと言われたら、ベテランパイロットでも恐怖を感じるのではないでしょうか。コックピットの中にあれだけ多数の計器があるのは、そうした数字を見る必要性があるからです。パイロットは自動操縦のときでもモニターを見て、正しい方向に進んでいるか、十分な高度を保っているか、機体にトラブルが起こっていないかなどを確認します。

プロジェクトも同様で、ゴールだけ示されて「後は任せた」というやり方は、目的地だけを示され、後は目視で飛べと言われているようなものです。

ビジネスで正しい方向感をつかむためには、**定量的に測れる評価指標**が必要です。そのためには**KPI（Key Performance Indicator：重要業績評価指標）**の設定が欠かせません。アマゾンもKPIを「**メトリックス**」と呼び、非常に重視しています。本書では混乱を避けるために、以後「メトリックス」という言葉は避けてKPIという言葉を使用します。

KPIは、会社全体で達成したい目標数値を分解し、各部門ごとに「この1時間で達成したい数字」に落とし込み、見える化したものです。

KPIを用いるメリットは、なんと言ってもビジネスのスピード向上にあります。ある数字が自動でメール配信され、毎日見ることができれば、自分たちのプロジェクトが今、どのような状況にあり、これからどう進むべきかを即時に判断することができます。

KPIとKGIの違い

KPIに関して、よくある誤りを最初にお伝えしておきましょう。それは、KPIと誤解して、**KGI（Key Goal Indicator：重要目標達成指標）**を追いかけてしまうことです。会社全体の売上高、新規顧客数、利益率などがKGIに当たります。

プレゼンテーションで示されるゴールは多くの場合がKGIです。そして、KGIが順調に伸びれば、新しい取り組みの効果が出たと喜ぶわけですが、そこには盲点があります。たとえば、新規顧客が増えた場合、広告メッセージがよかったのか、サンプル配布がよかったのか、チャネル向け商品説明会がよかったのか、その複合要因なのか。大きな目標であるほど、他の要因でも動く可能性があります。このため、KGIが下がったときには、いくらでも言い訳ができてしまうのです。そして、実際に悪くないのに販促ツールの見直しをかけるなど的外れな対応をして、本筋からどんどん外れてしまうのです。

もちろんKGIを見ることは、会社を経営していくときには重要です。しかし、現場で働く人たちにとっては、「売上目標は1000億円だからよろしく」と言われても動けません。

上司はＫＧＩを因数分解して、「あなたの部署は集客を担当するから、新規顧客を○○人獲得してください」という具体的なＫＰＩ目標を与えることが重要です。こうした目標が示されれば、どんなイベントを年に何回やるのか、どのような広告を年に何回打つのか、いくらの予算の中でどれだけやるのかなど、具体策をＫＰＩの数値で検討できるようになります。

大きな目標を達成するために、見なくてはいけない数字は何か。その数字はどんな要素で成り立っているのか。その具体的な要素を示すのがＫＰＩです。**目標とするＫＰＩを達成し、それが積み上がったものがＫＧＩになる**という構造を意識しなくてはいけません。

KPIとKGI

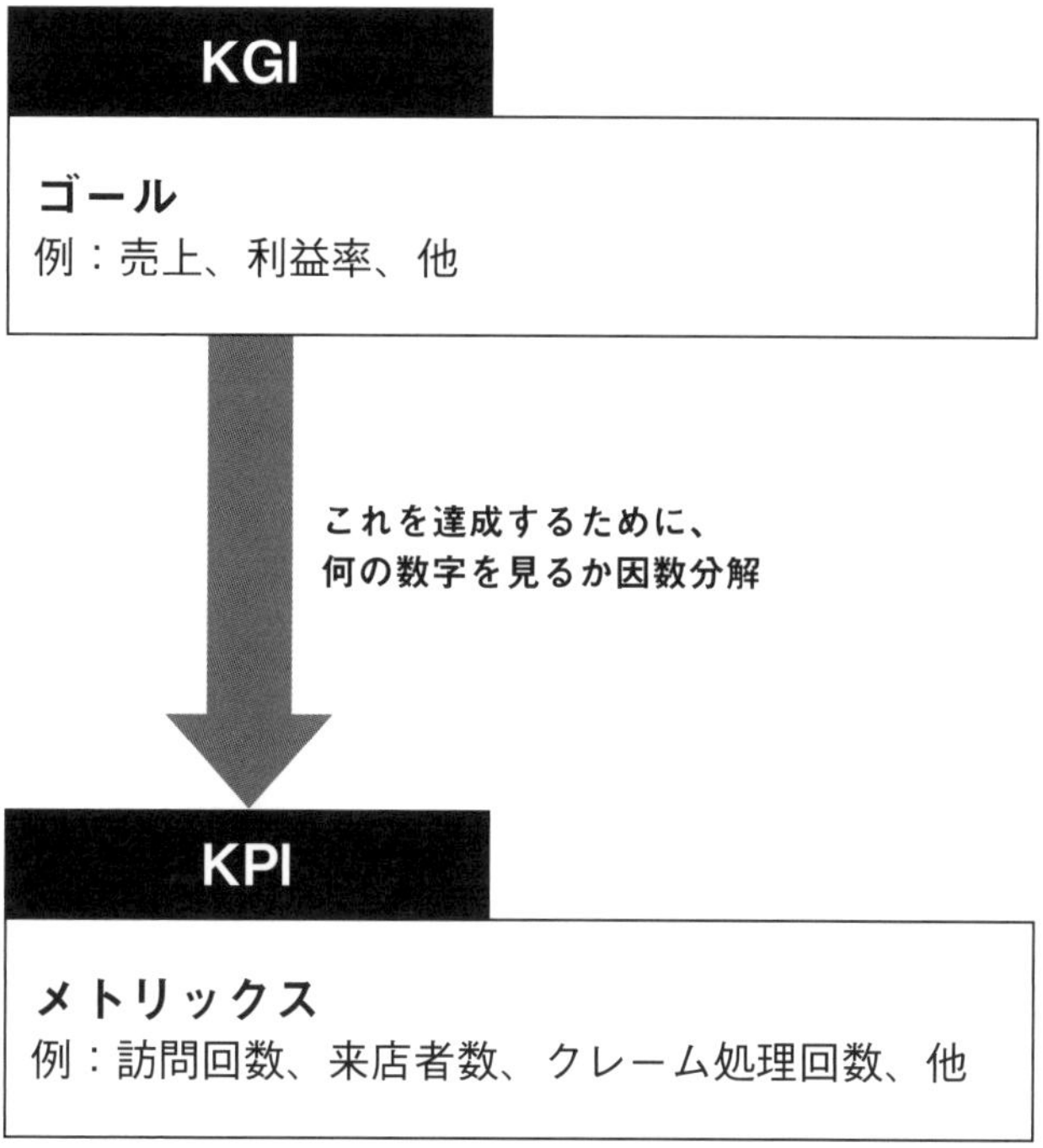
KGI
ゴール
例：売上、利益率、他
これを達成するために、
何の数字を見るか因数分解
KPI
メトリックス
例：訪問回数、来店者数、クレーム処理回数、他

▼
▼ **情報の精度を高める**
▼

Y＝今週のECの発送リードタイムが平均2.6日（目標2日以内）で**0.6日の超過**でした。

X1＝今週の出荷計画500Unitsに対して出荷数は495Unitsで達成率**99%**でした。
X2＝ギフトラップが計画50Unitsに対して実績120Unitsで達成率**240%**でした。
X3＝総労働時間は300Hに対して298H確保でき達成率**99%**でした。

↑
だんだん状況が見えてきた……

▼
▼ **情報の精度をさらに高める**
▼

Y＝今週のECの発送リードタイムが平均2.6日（目標２日以内）で0.6日の超過で、**目標±0.2日を未達**でした。

X1＝今週の出荷計画500Unitsに対して出荷数は495Unitsで達成率99%で、**目標±7%以内**でした。
X2＝ギフトラップが計画50Unitsに対して実績120Unitsで達成率240%で、**目標±10%**を大きく超過しました。
X3＝総労働時間は300Hに対して298H確保でき達成率99%で、**目標±5%以内**でした。

↑
リードタイムが計画値を超過し、その大きな原因がギフトラップであることが判明！ 改善へ！

KPIの考え方

すべての指標を結果とその結果を導く要因に分解する
Y=f(X1, X2, X3, …. Xn)　※Yが結果、Xnが要因

【例】

Y＝今週のECの発送リードタイムが平均2.6日でした。

X1＝今週の出荷は**495Units**でした。
X2＝ギフトラップは**120Units**でした。
X3＝総労働時間は**298H**確保できていました。

↑

この情報では運営の良し悪しが判断できない！

▼ **計画と実績を比較する**

Y＝今週のECの発送リードタイムが平均2.6日（**目標２日以内**）でした。

X1＝今週の**出荷計画500Units**に対して出荷実績は**495Units**でした。
X2＝ギフトラップが計画**50Units**に対して実績**120Units**でした。
X3＝総労働時間は**300H**に対して**298H**確保できました。

↑

リードタイムが超過していることがわかる。
しかし、どのXが原因かはわからないので、まだ対策を考えることはできない。

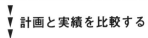

すべて数字に落とし込む

定量化することの重要性

ＫＰＩとは数字の指標で管理することですが、中には「世の中なんでも数字で表せるわけではない」と思われた方もいるでしょう。でも、果たしてそうでしょうか。

アマゾンでは、「**ビジネスはすべて数字で表現できる**」という考え方をとっています。社員は日々、数字を見るのが癖になっているので、何かをやろうとするときに、ＫＰＩで定量的に測れないと、不安になってしまうほどです。

ビジネスとして明確なアウトプットが要求されるものに対して、定性的評価で測ろうとすると、人によって基準が異なり、評価にばらつきが出るなど、必ず曖昧さが残ってしまいます。その点、数字は嘘をつきません。10であれば10。5になることはないのです。したがって、特に、多くの人が介在する案件の場合は、曖昧さが残らないよう、どのような数字を見るか明確にしておく必要があります。

どうすれば主観的な要素を数字にできるか

たとえば「顧客が満足しているかどうか」は主観的なもので、定量的に測定しにくいと思うかもしれません。しかし、アマゾンではすべて数字で表します。

顧客が何か問題を抱えているとしましょう。その場合、メールやチャットで問い合わせをするはずです。それに対してカスタマーサービス担当者が回答したにもかかわらず、同じ人から再びメールやチャットで問い合わせがきているとすれば、最初の回答で問題が解決しなかったということです。言い換えると、顧客が満足しなかったということです。そこで、「1回の回答でどれだけお客様の問題解決ができたか」をKPIに設定し、数値の変化を追いかけていく、というやり方がとれるのです。

ここで**KPIの数値が改善されなければ、必ず仕組み上の問題がある**ので、分析しなくてはなりません。担当者の回答の仕方が悪いのか。そもそも答えた内容が間違っているのか、というように。

また「荷物が届かない」というクレームに対して「今、在庫調達を図っていますので、もうしばらくお待ちください」と答えれば、「あとどれだけ時間がかかるのか」と再び問い合わせがくるかもしれません。ここで「配送業者の元にあるので数日中に届くはずですから、しばらくお待ちください」と答えていれば、それで納得して終わる可能性があります。

あるいは、「今調達中で少し時間がかかりますが、こんな代替商品もあるので、併せてご検討いただけますか」と案内すれば、別の方法で相手が最終的に求めるゴールに到達できることも考えられます。

こうした仮説を立てて、実際にその対策を導入し、それで数字が良くなるかどうかを検証し、成果が出る施策であれば導入していきます。

なお、アマゾンではこのように数字で定量的に評価するアプローチを活用していますが、だからといって、定性的な評価を全否定しているわけではありません。人事評価の際には、数字では表せない要素もあります。たとえば、「あなたの人柄指数は85です」と言われても、どこをどう改善すべきか、困ってしまいます。

必要に応じて、定性的な評価も織り交ぜながら使うことが大切です。

COLUMN

米軍災害救助のKPI

以前、読んだ本にアメリカの海兵隊の話が載っていて「こんなものにも KPI はあるのか」と感心したことがあるので、ここでご紹介します。

アメリカの海兵隊はハリケーンなどの災害地に最初に入り、物資の供給やインフラ整備を担当します。彼らはずっと常駐するわけではなく、復旧が終われば帰っていきます。そこで撤収できる状態になったかどうかを判断するために、KPI を設けているのです。

たとえば、ハリケーン被災地から撤収する基準の 1 つが、干してある洗濯物の数。非常にシンプルですが、洗濯物はすなわち洗濯機を動かすために電気と水道が使える証拠となるのです。そして電気と水が通っていれば、確かに日常生活は成り立ちます。

ビジネスでもそれと同じような考え方で、様々な指標を考え、採用することをオススメします。

会議での決定事項を推進させるメトリックス・レビュー

メトリックス・レビューとは

アマゾンではすべてにおいてＫＰＩが設定され、「メトリックス・レビュー」と呼ばれる会議が行われます、これにより、プロジェクトの進捗が常にモニタリングされるのです。中でも定番の「進捗管理会議」は、予算に対するメトリックス・レビューです。これは非常に重視されていて、どの部署でも必ず毎週1回は実施します。

具体的には、年間プランに沿って、週ごとに定められた予算がきちんと達成できているかどうかを確認していきます。アマゾンでは、あらかじめ設定されたＫＰＩがすべてデータ化され、レポートが自動作成されるようになっているので、それを見ながら、各部署の責任者が問題点などあればコメントを述べる形で会議は進められます。

この会議で「この数字は標準値から外れているけれど、どうしてか」と出席者に突っ込まれたときに、担当者が「よくわからないので、詳細を調査してから後で報告します」という回答になってしまうのは、アマゾンではNGです。これでは、問題点があることしか共有されないため、わざわざ集まる意味がないからです。

「それはこういう理由で起こり、それに対してこんな対策を打っています」

担当者がこのように説明できれば、それを念頭に置いて、他の出席者は各自の仕事を進めることができます。

言い換えると、担当者はそうやって突っ込まれることを想定して、**異常値の分析を行い、対策を検討するなど、然るべき準備をした上で、会議に臨むのが暗黙のルール**となっているのです。

アマゾニアンに叩き込まれるダイブディープ

後で紹介しますが、アマゾンのOLPの一つに「**ダイブディープ（Dive Deep）**」があります。ひと言で言うと「**深掘りする**」ということです。

メトリックス・レビュー

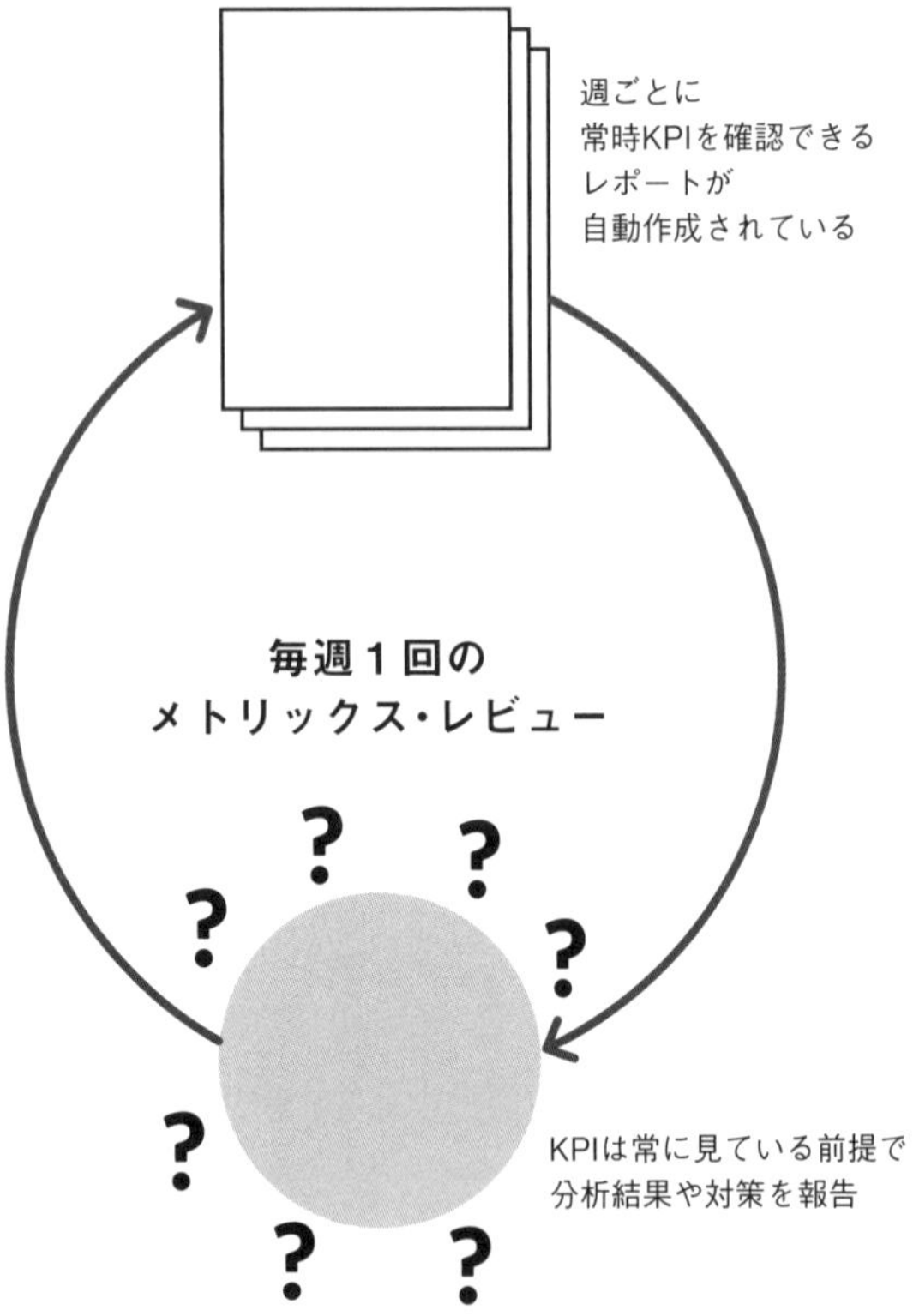
週ごとに
常時KPIを確認できる
レポートが
自動作成されている
毎週1回の
メトリックス・レビュー
KPIは常に見ている前提で
分析結果や対策を報告

アマゾンの進捗管理会議の場では、出席者たちは異常値に対して、かなり深掘りした、突っ込んだ指摘をしてきます。

ダイブディープする習慣を徹底的に叩き込まれた私から見ると、日本企業の仕事のやり方にはまだまだ深掘りの余地がたくさんあるように感じます。

たとえば、報告した人に対して、上司が「そこはよくわからないから、とりあえずやっておいて」と発言する光景をよく目にします。そこから透けて見えるのは、「そこまで自分が知らなくてもいい」「自分には関係ないから流しておこう」と上司が考えているということです。

アマゾンであれば、何か問題について報告があがってくると、「それはなぜか」「どうしてそうなるのか」と上級職の人は納得のいくまで細かく質問してきます。そこまでは自分の担当ではないから、とりあえず任せておこうという考え方はしません。関係者はみんなKPIを見ているので、担当者のほうでも異常値があれば突っ込まれるのはわかっていて、理由を説明できるように用意しています。それでも、答えきれないところまで突っ込んでくるのです。

これは、上司がどうでもよい数字までネチネチ聞いて、微に入り細に入り管理しようとするマイクロマネジメントとはまったく違います。一見すると紙一重のようですが、純粋に真因に迫るために「なぜ」を繰り返し、担当者が見逃している問題が他に隠れていないか確認しているのです。

アマゾンの上級職の人はさすがに経験知が豊富で、過去に起こった同じことが繰り返されていないかと、当たりをつけながら、「このデータを併せて見たほうがいい」といったアドバイスをさり気なくしてくれました。上司がそういう姿勢であれば、部下も見習い、指標を表面的に見るのではなく、周辺状況まで含めて確認するようになります。

この**「なぜ」を何度も繰り返す**分析はもともと日本のお家芸のはずです。しかし、それが実践されているのは、製造現場のみ。本社の様々な機能では用いられていないことが多いのです。

これは非常に残念なことだと思います。

異常値がなければ進捗管理会議も不要

進捗管理会議は確かに重要な会議ですが、開催することを目的化することは避けましょう。あくまで、プロジェクトを建設的に前進させることが求められます。

つまり、「こういう結果でした」とただ担当者が発表し、それをみんなで共有するだけなら、わざわざ会議を開くまでもありません。必要な数字やデータを配布するだけでも間に合うことです。

会議のオーナーは、関係者に事前に聞いて、数字に異常がないときや、指摘すべき点や共有すべき内容がないときは、その週の進捗管理会議は中止にしてもかまいません。

人の善意に頼って仕事をせず仕組み化する

入手する仕組みがなければデータは入手できない

ＫＰＩをうまく使えていない企業を見ると、十分なデータが取れていないこともまだまだ多いようです。

たとえば、ある会社では、日々の来店者数や在庫数のデータを分析することなく、現場の経験と勘に任せて、「明日はこのくらい売れそうだから、このくらい発注をかけておこう」というやり方を取っていました。「数字なしでよくやっていますね」と言うと、「長年、やっているので」と自慢気に言われたりするのですが、アマゾンでみっちりＫＰＩ管理を叩き込まれてきた私からすると、日々の出荷数や在庫数の動きが正確にわからないまま、よく調達できるなと感心してしまいます。

もちろん、それでうまく回っていれば問題はないのですが、経験や勘頼みの属人的なやり方では、明日その人が倒れたり、いなくなったりしたら、とたんに現場は回らなくなります。

管理保存しておかないとデータは使えない

さらに、具体的な数字を把握しているのは担当者だけで、聞かないとデータが出てこないことが多いのも問題です。

アマゾンでは、誰でも様々なデータを見られる状態にしています。もちろん重要な経営指標などはインサイダーの問題があるので、一部情報には閲覧制限もありますが、基本情報には誰でもアクセス可能です。

実際に、日本にいながらにして、アメリカの倉庫の変動費、1日の生産量、生産性などのデータを調べることができます。そうやって情報にアクセスできる環境を整備すれば、KPIの設定や管理がしやすくなるはずです。

ベゾスがよく言っていたのが「Good intention does not work, only mechanism

works!（人の善意に頼って仕事をしてはいけない。仕組み作りが重要だ）」ということ。数字化や仕組み化して、誰がやってもできるようにしなさいという意味です。

属人頼みではビジネスの継続性が保証されません。そういう状態を放置しているとすれば、それは会社側の責任であって、見直す必要があります。

ひととおりＫＰＩを見て管理している企業でも、ＫＰＩの設定数、数字の見方や精度の要求、分析方法について甘さが目立つので、再考してみる価値はあると思います。

ＰＤＣＡを回すサイクルは最長でも1週間

私が担当した代引きプロジェクトのケース

プロジェクトが承認され、ＫＰＩが決まったらＰＤＣＡのサイクル、つまりPlan（計画）・Do（実行）・Check（評価）・Action（改善）を回していきます。

とりあえずやってみて、結果を見て「よかったね」という単発の作業ではなく、常にＫＰＩを追いながらＰＤＣＡのサイクルを回し、もっとより良いやり方はないかと考えながら修正を加えていきます。この作業は安定軌道に乗るまで続けます。

ＫＰＩを使ったＰＤＣＡの実例を紹介しましょう。

私はアマゾンジャパン立ち上げ2年目に、COD（cash on delivery）という代引きの仕組みを導入するプロジェクトリーダーを務めました。通販では、商品のお金をクレジットカードで支払うなど、事前に振り込んだり事後に支払ったりすることがありますが、代引きでは、配送業者が商品を届けたときに代金をもらう形をとります。

このサービスの導入後、見るべきKPIとして設定したのが、利用率（決済全体における代引きの占める割合）や、売上の変化（代引き比率とクレジットカード売上が下がった比率）でした。プロジェクトのスタート時、「このくらい利用され売上に影響が出るだろう」と想定した上で、実際の状況をウォッチしていくことにしたのです。

また最終目標は、顧客満足度が向上し、売上につながることなので、それが達成できているかどうかも検証しなくてはなりません。そこで、カスタマー・エクスペリエンスを把握するために、カスタマーサービスで対応したCOD関連のクレーム数、トラブル・データ、問い合わせに対する返信メールをもらうようにしました。

プロジェクトでは、こうしたKPIをモニタリングし、問題があれば対策を考えます。仮に、思ったほど利用率が伸びないなら、そういうサービスがあることを知らない利用者が多いのかもしれません。となれば、マーケティングに「代引きを開始しました」というバナー広告掲載をリクエストし、告知を徹底するというアクションが考えられます。

このような場面で重要になってくるのが、とったアクションの効果を適切に検証することです。たとえば、バナー広告の表示頻度と利用率の変化状況を確認し、広告を打っても利用が増えないならば、それは効果がないので、次の手を打たなくてはなりません。

そして自分では有効な策が思いつかないときには、ブレインストーミングの出番です。他部署の人にも応援を求めて、知恵を借り、可能な打ち手を考え、実際に試し、また効果を検証する。これを繰り返して、目標のＫＰＩに達するまでやり続けるのです。

日本企業はＰＤＰＤ!?

「ＰＤＣＡくらい日本企業でもやってるよ」と思われる読者もいると思います。確かに、書店にはその手の本が山のようにあり、ＰＤＣＡの考え方は広く知れ渡っています。

ただ私がコンサルティングをしていて気になるのは、社内には優秀な人が大勢いて、プロジェクトも多数手がけていても、**ＰＤＣＡのＰＤしか行われていない**ことです。

会議で取り上げるのもＰＤのことばかり。どうすれば成功したと確認するのか、何の指標を見るのかという議論が抜け落ちているのです。

PDCAの徹底とスピードがアマゾンの強み

よくあるケース

A社 

CとAがない

B社 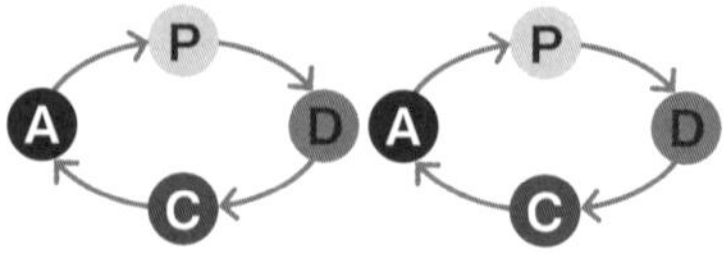

回すサイクルが遅い
（四半期に1回）

アマゾン

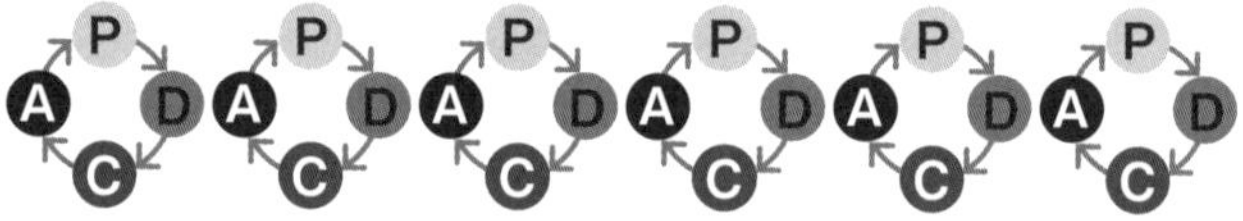

高速回転
（週1回以内）

ＰＤＰＤの連続だけで、ポストモーテム（１９１ページ参照）とＫＰＩの管理というＣＡの仕組みがなければ、いくらプランを立てて実行しても長続きしないし、発展性に欠けてしまいます。

プロジェクトを立ち上げる際には、会議の中でＣＡのやり方まできっちりと決めることが非常に大切です。

アマゾンの検証周期は最長でも1週間

もう1つ、見直す余地があるのが、ＫＰＩを確認し、問題があったときに対応を考えるための周期です。

今はスピードが求められる時代ですから、１カ月に1回、ＫＰＩの話をするようなペースでは遅すぎます。見る対象によっても異なりますが、月単位、週単位、１日単位、必要があれば時間単位で細かく区切って検証したほうがいいかもしれません。

ちなみに、アマゾンの場合、**一番長くても週単位**でＫＰＩを見ていました。検証サイクルが短ければ短いほど、何か問題が起きたときに速やかに修正をかけ、次のステージに進むことができるからです。

そしてPDCAは素早く回すことが大切ですが、同じレベルでぐるぐる回しても意味はありません。より良いものになるように、次のアクションにつなげ、スパイラルを高めていくという意識を持つといいでしょう。そうすれば、当初のサービスレベルが低くても、少しずつ改善していった結果、気づいたときには他の企業と大きな差がついているはずです。実際に、アマゾンの強さは、高速回転で愚直に改善し続けていくことにあると、私は思っています。

「C」を減らすことも上司の役目

ところで、ひとたび「この数字を見なさい」と指示すると、未来永劫やり続け、仕事は増える一方になりがちです。新しいことを始めたときには、定着するまである程度の期間、見続ける必要はあるのですが、安定軌道に乗って異常値が起こらない状況になったら、**見るのをやめることも大切**です。

誰も見ない数字のとりまとめやレポートの作成は、会社に貢献していることになりません。仮に前任者から引き継いで「月曜日にこの資料を作成しろ」と言われていたとしても、いったん作成するのをやめてみて、文句を言ってくる人がいるかどうかを確認します。誰からも何も言われなければ不要ということです。

こういうことは部下からは言い出せないかもしれないので、上司が言ってあげることが大切です。部下が価値の低い仕事に忙殺されているなら、定期的に棚卸をして、不要な数字やレポートを減らすようにサポートしなくてはなりません。

COLUMN

アマゾンでは「立ち上げ屋」は評価されない

日本企業でPDが重視されやすいのは、PとDができる人のほうが高く評価されるからだと感じます。

新商品や新規事業を企画して立ち上げ、ひとまず成功させるところまで（つまり、PD部分）は優秀な社員が担当し、その者たちは功績を認められてどんどん昇進していきます。その一方で、その後を引き継いで、適切にコントロールしながら、事業を安定軌道に乗せ、さらに拡張させていくことも大切なのに、そこをやる人は花形だと認識されないのです。

アマゾンでは、単なる「立ち上げ屋」は高く評価されません。立ち上げた後にKPIを管理し、定常業務の仕組みとして運営できて初めて、よくやったといわれます。

もちろん人によって得意不得意はあるとは思いますが、多くの人がCAの視点をもっと意識していくといいのではないかと思います。

プロジェクトの最後を締める ポストモーテム

会議がまずいとイノベーションは生まれない

急成長中のベンチャー企業や中堅企業だけでなく、ブレイクスルーが生まれないことで悩んでいる大企業の方にも、アマゾン流の会議は参考になるかもしれません。特に、新規事業をやらないといけないと考えて、関係者でさんざん話し合っているけれども、いつまでたっても何も生まれてこない場合は、会議のやり方を見直してみる価値があります。

アマゾンでは、成功も失敗も含めて、相当数の新規ビジネスが生まれています。そのいずれも、誰か1人が考えて単独行動をしているわけではありません。チームで取り組んでいます。

となると、当然メンバーが集まって打合せをする回数も増えます。しかし会議の回数が多い割に、新しいものが生まれてこないとすると、様々な原因が考えられます。

そもそも顧客のニーズをつかんでいない。事業機会を見出せていない。そういう根本的な問題はクリアしていても、適切なプログラムを組み立てられない。着手しても中途半端で終わってしまう。あるいは、思ったほど効果が出ないのかもしれません。

こうした実行部分については、ＰＤＣＡ（計画、実行、評価、改善）の仕組みを入れることでかなり状況は改善されるでしょう。

そしてＰＤＣＡと一緒にぜひ習慣化していただきたいことがあります。それはポストモーテム（事後検証）です。

最後の検証が企業と社員を継続的に強くする

ポストモーテムとは、**事後検証**のことです。特に目新しいことではないのですが、意外に企業では行われていないのではないでしょうか。

先ほど「日本企業はＰＤＰＤが多い」と述べましたが、プロジェクトが終了し、一段落した際には「なぜ成功（失敗）したか」があまり検証されず、「よかった」で終わるか、「切り替えて次頑張ろう」となることが多いようです。

どんな失敗やミスがあったのか。どこが成功したのか。どこを注意すれば次に生かせるか、などを学習することで、社員は確実に成長していきます。そういう成長につながる有意義な会議を積み重ねてこそ、新しい試みの精度やスピード感も上がり、会社の成長にもつながっていくのだと思います。

アマゾンでは常時膨大なプロジェクトが進行していますが、ポストモーテムは必ず実施されています。「進捗管理会議」の最後の〝締め〟として、ポストモーテムを取り入れるようにしてください。

ハイライトとローライト

プロジェクトが完了したときには、振り返りのミーティングを行い、ポストモーテムを行うことが重要です。何がうまくいったか、何が失敗したか。次にやるときにどこに注意すれば、もっとよりよくできるか。ここまでやりきるのが、プロジェクトオーナーの責務です。

ところで、「プロジェクトの振り返り」と聞くと、日本では「反省会」をイメージする人がいますが、それは誤解です。これはポストモーテムに限らないことですが、アマゾンでは「**ハイライト**」と「**ローライト**」という表現で、良かったことと悪かったことの両方について振り返り、記録を残すようにしています。

成功要因を分析し、そこから学べることも整理して共有しておけば、誰かが同じことをやるときに再現性が高まります。社内にこうした文書が残されていると、後から情報を探している人の目に留まり、それを参考にして次の試みに生かしたり、担当者に直接話を聞きにいくことができます。同じことをより良い形で再現できれば、組織力は一層高まります。

このためアマゾンの会議では、ＫＰＩの数字が非常に良かったときにも、「なぜうまくいったのか、少しシェアしてください」と、話を振られることがあります。数字のデータを追っていくと、いつもよりも良い結果がでていることには誰もが気づきます。そんなときに、「よくできたね」「よかったね」と言うだけでなく、「なぜ良い結果が出せたのか」について説明し、それを文章化して記録として残すことが奨励されているのです。

こうした学習をどれだけ積み、生かせるかが、仕事のアウトプットや企業のパフォーマンスの差となっていくのだと思います。

COLUMN

加点主義と評価制度

アマゾンではプロジェクトが立ち上がったときなど、リーダーが、どれほど素晴らしいローンチの日だったかをみんなに伝えるメールを出します。「これだけチームとして頑張ったので、皆さんもぜひ祝福をしてください」とアピールするのです。日々の業務でも同様で「ファイナンス・チームでこんな工夫をしてみたら、納期が短縮されマージンも0.05%向上した」というように情報を共有します。

これは評価制度にもつながっています。上司は部下がどんな場面でどのように活躍したかを伝える義務があるのです。私もホリデーシーズンで膨大な出荷量をうまくさばけたときなど、数字データをアピールしたり、チームの写真を付けたり、みんなの努力が認められるよう、あれこれ工夫を凝らしました。こうした情報共有をしておくと、人事評価の会議の席で「なぜこの人がこの評価なのか」という説明を求められたときに、「あのプロジェクトで頑張ったから」と言えば、すぐに納得してくれます。あるいは、根拠として示すこともできます。

優れたマネジャーは、そうやって自分の部下を印象づけるのです。

CHAPTER 5

会議を機能＆活性化させる

アマゾンのOLP

アマゾンのリーダーシップ理念、ＯＬＰとは

アマゾン流の会議のやり方は、形だけそのまま自社に当てはめても絶対にうまくいきません。というのは、アマゾン内で暗黙の前提となっている価値観に則っているからこそ、成立している要素が多分にあるからです。

その価値観とは、ベゾスと幹部チームが考え出した14カ条の「リーダーシップ理念（Our Leadership Principles）」のことです。社内ではＯＬＰと呼ばれ、アマゾンの会議の前提となっています。昔はもう少し少なかったのですが、更新され、加筆され、今では次ページで紹介するように14になっています。

本書でもここまでで、そのうちのいくつかはご説明してきましたが、本章ではあらためて、14カ条のうち、特に会議に関係してくるものを紹介していきます。

会議のために作られたものではありませんが、出席者がＯＬＰを体現しないと、会議がアマゾンのように活性化することは絶対にありません。

むしろ、他を学ばなくても、このＯＬＰをマネするだけでも、効果は大きいと思います。

アマゾンのOLP14カ条

本章で紹介するOLP

1	Customer Obsession	顧客へのこだわり
2	Ownership	オーナーシップ
3	Invent and Simplify	創造と単純化
4	Are Right, A Lot	多くの場合正しい
5	Learn and Be Curious	学び、そして興味を持つ
6	Hire and Develop the Best	ベストな人材を確保し育てる
7	Insist on the Highest Standards	常に高い目標を掲げる
8	Think Big	広い視野で考える
9	Bias for Action	とにかく行動する
10	Frugality	質素倹約
11	Earn Trust	人々から信頼を得る
12	Dive Deep	より深く考える
13	Have Backbone; Disagree and Commit	意見を持ち、議論を交わし、納得したら力を注ぐ
14	Deliver Results	結果を出す

を持つ人材を見極め、組織全体のために積極的に活用します。リーダー自身が他のリーダーを育成し、コーチングに真剣に取り組みます。私たちはすべての社員がさらに成長するための新しいメカニズムを創り出します。

► **Insist on the Highest Standards**
リーダーは常に高い水準を追求することにこだわります。多くの人にとり、この水準は高すぎると感じられるかもしれません。リーダーは継続的に求める水準を引き上げ、チームがより品質の高い商品やサービス、プロセスを実現できるように推進します。リーダーは水準を満たさないものは実行せず、問題が起こった際は確実に解決し、再び同じ問題が起きないように改善策を講じます。

► **Think Big**
狭い視野で思考すると、大きな結果を得ることはできません。リーダーは大胆な方針と方向性を示すことによって成果を出します。リーダーはお客様のために従来と異なる新しい視点を持ち、あらゆる可能性を模索します。

► **Bias for Action**
ビジネスではスピードが重要です。多くの意思決定や行動はやり直すことができるため、大がかりな検討を必要としません。計算した上でリスクを取ることに価値があります。

► **Frugality**
私たちはより少ないリソースでより多くのことを実現します。倹約の精神は創意工夫、自立心、発明を育む源になります。スタッフの人数、予算、固定費は多ければよいというものではありません。

► **Earn Trust**
リーダーは注意深く耳を傾け、率直に話し、相手に対し敬意をもって接します。たとえ気まずい思いをすることがあっても間違いは素直に認め、自分やチームの間違いを正当化しません。リーダーは常に自らを最高水準と比較し、評価します。

► **Dive Deep**
リーダーは常にすべての業務に気を配り、詳細な点についても把握します。頻繁に現状を確認し、指標と個別の事例が合致していないときには疑問を呈します。リーダーが関わるに値しない業務はありません。

► **Have Backbone; Disagree and Commit**
リーダーは同意できない場合には、敬意をもって異議を唱えなければなりません。たとえそうすることが面倒で労力を要することであっても、例外はありません。リーダーは、信念を持ち、容易にあきらめません。安易に妥協して馴れ合うことはしません。しかし、いざ決定がなされたら、全面的にコミットして取り組みます。

► **Deliver Results**
リーダーはビジネス上の重要なインプットにフォーカスし、適正な品質で迅速に実行します。たとえ困難なことがあっても、立ち向かい、決して妥協しません。

https://www.amazon.co.jp/b?ie=UTF8&node=4967768051

求める人物像

Amazonでは、全員がリーダーです。

**Amazon には世界で共通の「Our Leadership Principles」という
14項目からなる信条があります。
それは、チームを持つマネージャーであるかどうかにかかわらず、
Amazon では、全員がリーダーであるという考え方のもとで、
社員一人ひとりが、全ての日々の活動において、
常にこの「Our Leadership Principles」に従って行動するよう心がけています。**

「Our Leadership Principles」

► **Customer Obsession**
リーダーはお客様を起点に考え行動します。お客様から信頼を獲得し、維持していくために全力を尽くします。リーダーは競合にも注意は払いますが、何よりもお客様を中心に考えることにこだわります。

► **Ownership**
リーダーにはオーナーシップが必要です。リーダーは長期的視点で考え、短期的な結果のために、長期的な価値を犠牲にしません。リーダーは自分のチームだけでなく、会社全体のために行動します。リーダーは「それは私の仕事ではありません」とは決して口にしません。

► **Invent and Simplify**
リーダーはチームにイノベーション（革新）とインベンション（創造）を求め、同時に常にシンプルな方法を模索します。リーダーは状況の変化に注意を払い、あらゆる場から新しいアイデアを探しだします。それは、自分たちが生み出したものだけに限りません。私たちは新しいアイデアを実行に移す時、長期間にわたり外部に誤解される可能性があることも受け入れます。

► **Are Right, A Lot**
リーダーは多くの場合、正しい判断を行います。 優れた判断力と、経験に裏打ちされた直感を備えています。 リーダーは多様な考え方を追求し、自らの考えを反証することもいといません。

► **Learn and Be Curious**
リーダーは常に学び、自分自身を向上させ続けます。新たな可能性に好奇心を持ち、探求します。

► **Hire and Develop the Best**
リーダーはすべての採用や昇進における、評価の基準を引き上げます。優れた才能

Ownership（オーナーシップ）

各々が経営者であるかの如く考える

オーナーシップとは、他人ごとではなく、自らお客様の気持ちになって考え、物事に主体的に取り組むことです。

会議を企画し、出席者を集め、ゴールや議事内容を考え、ファシリテーションするのはオーナーだと述べてきましたが、そこには、「**会議を進めるときには経営者であるかのように考えて判断してほしい**」「会議に出席する人も、リードしてくれる人がいるからと受け身になって任せきりにするのではなく、オーナーと同じ考え方で物事を推進しようという思いを持ってほしい」という意味が込められています。

これは私の仕事ではないし、自分が言いたいことを言えば終わりというのではなく、他のメンバーのことを考え、全体の進捗状況を見ながらサポートできる部分は手を貸そうという態度を持たないといけないのです。

オーナーシップがない人は会議に参加させない

だからこそ、会議に誰を呼ぶかを決めることは非常に重要です。私が他の会社の会議に出たときに違和感を持つのは、誰がオーナーシップを持って発言しているのか、誰に決定権があるのかが曖昧なときです。

特に、同じ部署から部長、課長、係長が顔を揃えている場合、誰がその部門のオーナーシップを持つのか。一番若手が作業するのか。それとも、上位職の人が責任を持って手配するのか。関係者に幅広く声をかけると、互いにもたれ合い、中途半端な対応になりがちです。それよりも、部署の代表として、誰かがオーナーシップを持って出席すれば、こうした問題は払拭されます。

オーナーシップを持って考えれば、それが自分に関係のある会議かどうかも見極めやすくなります。仮に部長と一緒に呼ばれている場合、部長に相談し、「今回は部長が出席されるなら、私は見合わせます」と言ったり、部長が「今回は君に任せるから、出席してきてくれ。僕は後で報告をもらえばいい」と言えば、片方は無駄な会議に出なくても済むわけです。

部下に権限を委譲して、部署の代表として出席させることにより、部下は当事者として話さざるをえなくなるため、責任感を高められるという相乗効果もあります。

もしも14カ条のうち、どれか1つを自分の会社に採り入れてみようという場合は、オーナーシップを持つところから取り組むことをお勧めします。会議の主催者も出席者もそれぞれオーナーシップを持って臨むようになれば、必要のない人は呼ばれなくなり、各自が貴重な時間を有効に使って建設的に議論を行い、そこで決定したことに主体性を持って取り組むようになります。

そういう意識改革をするだけでも、従来の会議とは大きく変わってくるはずです。

Customer Obsession（顧客へのこだわり）

お客様へのこだわりは成果へのこだわり

アマゾンでは、お客様が大切だという目線ですべての物事がスタートすると言っても過言ではありません。ＯＬＰで真っ先にくるのも「Customer Obsession」（顧客へのこだわり）。これが会議、プロジェクト、日々の業務など、あらゆる場面で最も重要な価値基準となっています。

たとえば、「商品を使ってみたけど不満だった」というカスタマーレビューは、出品した企業にとってもアマゾンにとっても不都合かもしれません。しかし顧客にとって参考になる情報ならば、削除してはいけないことになっています。もちろん、誹謗中傷などカスタマーレビューのガイドラインに沿っていないものは消します。でも、基本的に良い情報も悪い情報も、すべてお客様のためになると考えています。

会議においても、顧客第一主義に資する議論でなければ意味がないし、お客様に不利益を与える意思決定などもってのほかです。このため、実際に会議の中で「**それって本当にお客様のためになるの？**」という言葉が頻繁に飛び交います。

判断基準は「お客様のためになるか？」

ファシリテーションをしているときに、出席者の意見が分かれて、どう考えればいいのかわからなくなってしまうことがあります。そんなときには、この「Customer Obsession」が思い出されます。

アマゾンの場合、「それはお客様のためになるんだっけ？」と必ず誰かが言い出します。「顧客第一主義」という価値観に沿って、どんなことをするときでも、お客様が喜ばない、あるいは、求めていないサービスを提供する意味はないという考え方が浸透しているのです。

たとえば、お客様への納品時期が多少遅くなるとしても、会社の利益が20％上がる打ち手があったとしましょう。そんなとき、経済合理性をとって、ゴーサインを出す企業もあるのではないでしょうか。

しかし、アマゾンでは、こうした打ち手は却下されます。**お客様に迷惑をかけたり、お客様を犠牲にしてまで、利益を拡大することは断じて許されない**のです。そういう方向に議論が傾きかけると、会議のオーナーもしくは出席者の誰かが必ずストップをかけます。

そして代わりに、「納期を延ばさないで5%上げられないか」「その20%の実現可能性が見えているならば、現状は何がトレードオフになっているか」「それをどう変えれば20%に近づけるか」という議論が始まります。

会社が重視する価値観や社是は、壁に飾っておくものではありません。日常業務や会議の中で議論や行動の判断基準として生かされて、初めて意味があるのだと思います。

Insist on the Highest Standards（常に高い目標を掲げる）

妥協せず現実的に高い目標を

会議の中で、妥協しそうなときには「その目標でいいのか？」「私たちが達成しなくてはならないゴールは何だったか？」と確認を入れることが大切です。

アマゾンでは、「実際に達成できるかどうか不安だから」と消極的な目標を設定すれば、必ず誰かから「その目標は低くない？」と突っ込まれます。

もちろん、むやみやたらに高い目標を設定せよということではありません。仮に１００という目標に対して、どれほど頑張っても80だと思う場合は、「この数字に基づいて考えると１００は無理だから、80くらいではないか」と根拠を示して説明すればいいのです。

そうすれば、その妥当性について協議し、下方修正すべきかどうかを判断できるようになります。

重要なのは、**現実的な範囲で高い目標を設定する**ことです。あるいは、最終的な目標は変えずに、途中で通過点を設けて、その到達スピードなどを調整するようなアプローチもいいでしょう。

ちなみに、アマゾンでは、たとえその時点で80に目標を設定し直したとしても、さらに上を目指すためにどうすればいいかを常に考えます。ある目標を達成したら、さらに高い目標を追いかけるのが企業文化となっているのです。

アマゾンは競合他社を目標にしない

関連する話をもう一つ。

アマゾンは、目標を設定するときに**競合他社を目標にすることはありません**。

今では技術開発でもサービスでも他社に先駆けて取り組むことが多いので、当然だろうと思うかもしれませんが、アマゾンはもともと後発企業です。ネット書店に参入したときには、既に数社が先行していましたし、音楽のダウンロードサービスを始めたのもｉＴｕ nesに遅れること1年くらい後だったと思います。ただ、間違いなく言えるのは、その当時、先行していた老舗書店のネット販売を目標にしていたとしたら、アマゾンは今のような姿にはなっていないだろうということです。というのは、「打倒○○社」と考えた瞬間に、そこが目標になってしまうからです。そして、**お客様ニーズに対する妥協が入り込む余地**が出てきます。

既存ネット書店の中でナンバーワンではなく、書籍販売ビジネス全体でトップになるにはどうすればいいか。それも、売上のトップではなく、お客様に支持してもらえるナンバーワンの書店になるにはどうすればいいかと、ベンチマークを顧客に置く。

競合と比べて相対的によいかどうかよりも、**絶対的な価値を求めて、進化していく**のが、アマゾン流なのです。

Think Big（広い視野で考える）

不可能を可能にするために

このOLPは、ブレインストーミングや、新しいことを考えるときに特に必要になるものです。実際、アマゾンの会議中に、「**ちょっとThink Bigが足りないんじゃない？**」という言葉がよく飛び交います。もっと広い視野で見ないと、問題を見誤る可能性があるという意味で使います。

広い視野で考えるためには、自分が直接担当する部分だけでなく、影響範囲を広げてみる必要があります。担当者はつい自分の業務や抱えている案件の中で物事を考え、週次計画や実績に引きずられます。部長レベルともなると、年間予算や中期計画から見ていくので、物事の見え方が変わっていきます。

一担当者として会議に出席するときにも、**自分よりも一段上の目線で物事を考えてみる**ことです。一般社員であれば課長や部長などの視点でプロジェクトを俯瞰して、自分たちがやろうとしていることが果たして正しいかを考えてみます。それによって、大きなベクトルは合っていても、細かいところで少しずれていて、そのまま突き進んでいくと大きく乖離しそうだとわかることもあります。権限委譲されて会議に出ることで、自分の立場だけでなく、上司の視点でチーム全体への影響を考える機会となるのです。

時間軸を意識する

ところで、担当者と上位層レベルの視点を比較したときに、特に異なるのが時間軸の長さでしょう。現時点ではいいかもしれないけれど、1年後、5年後にはどうなるか。ビジネスの規模が今の10倍になったときに、今やろうとしていることをそのまま拡大できるのか。

特にアマゾンはプラットフォームを作る会社なので、規模を拡大したときに、正しく機能するかという視点も求められます。このため、規模が拡大したときに、そのやり方で正解か、もっと良い方法がないかと考えるように意識づけされてきたように思います。

Dive Deep（より深く考える）

表層部分に目を奪われず、本質まで深掘りする

広い視野を持つことに加えて、問題点を深く掘り下げて真因を探り当てなければ、物事は解決しません。

あるお客様から「もっと商品を安くしてほしい」という声が寄せられたとします。そんなときに「お客様の声に応えるために一律○%の値下げをしよう」と安易な結論を下していては、企業が持続的な成長を続けることは到底無理です。

表層的に捉えると、お客様は「安い商品がほしい」と言っているかもしれませんが、もう少し深掘りすれば「実は特定カテゴリーの特定商品が安くなることを望んでいる」のかもしれません。

こんなときには、データを分析し、ピンポイントでどの商品が重要なのかまで掘り下げてみるべきです。たとえば、ある商品のみを特別ディスカウントの対象にすることで、売上が大きく伸び、お客様の満足度が向上するかもしれません。また、お得に購入できた分、購買する量や品目が増えたり、想定していたターゲット顧客以外の人も魅力を感じたりする可能性もあります。

ちなみに、アマゾンでセールの対象品目を選定する会議を開いた場合、「データ分析の結果、過去1カ月間の売上が上位1万以内に入ったものを5%ディスカウントすることにしました」という提案をしようものなら、「**Dive Deep（ダイブディープ）が足りなくない？**」と突っ込まれるはずです。過去1カ月のデータだけで、その上位1万点がお客様のほしいものだとなぜ言えるのか。お客様にとって最も嬉しいのは、地道に売れ続けている定番品かもしれません。

だとすれば、過去1年間のデータを見て、常に１００位内に入っている30品目について、さらに大きなディスカウントを提供したほうが、満足度向上に寄与する可能性があります。

きちんと根拠を示して、それなりの選定理由になっているように見えても、そこから本当にそうなのかとダイブディープで迫っていくのです。**もう一歩深めないと、本当の姿は見えてこない**ということは、私自身もよく上司から指摘されました。

Bias for Action（とにかく行動する）

素早い行動はすべてを解決する

たとえば、次のような2人の社員がいたとします。

- **熟考して長い時間をかけて、最初から100％の方法で実行した人**
- **適度なリスクをとってより早く実践し、修正をかけながらゴールを達成した人**

どちらも結果的に成功している場合、あなたはどちらの社員を評価するでしょうか。アマゾンで高く評価されるのは後者です。なぜなら**アマゾンは、ビジネスにおいて非常にス**

ピードを重視する組織だからです。

意思決定や行動の多くは、やり直すことが可能です。特に小さく試す分には、取り返しのつかない失敗には至りません。このため、プロジェクトを始めるときにも、100%の解が出るまで突き詰めてから実施するのではなく、わからないからこそ、小さいサンプルで試してみるのです。

たとえば、「ユーザー数を限定して2日間だけやってみる」「ウェブサイトに来た人の半分に見せて、見せなかった人との差異を見て検証する」というように、サイト上でテストして反応を見ながら、どれがうまくいきそうかを確認し、その上で、最終的にスケールアップを目指すのです。

こうしたテストの際には、自分たちの納得のいくまでやりつつも、必要以上に時間をかけないことが重要です。ある程度まで検証できたら、適切なリスクをとって実践していきます。

最低限のリスクヘッジはしておく

もちろん、スピード重視とはいえ、リスクを極力減らす努力も当然必要です。最悪の場合には、ロールバック（元に戻す）することも含めて、問題が起きたときの対処法も決めておきます。

こうしておけば、たとえ見切り発車をしても、「始めた以上は手を引けない」と、赤字を垂れ流したまま、ずるずる続ける事態は回避できます。

Learn and Be Curious（学び、そして興味を持つ）

学び続けることが未来を拓く

これはＯＬＰの中で後から加えられた項目です。会議に直接関係するＯＬＰではありませんが、革新的なサービスやアイデアを生み出す企業において、リーダーや出席者がどうあるべきかを示したＯＬＰですので、ここで紹介します。

会社が大きくなってくると、特定の機能だけこなせばいいと思う人がどうしても増えてきます。特に、業界トップで、最先端を走っていると思えば、さらに新しいものを学ぼうという意識は薄れてしまうのです。

そこで、リーダーがもっといろいろなことを学んで、新しい種まきをしないと、10年後、この会社はなくなるのではないかという危機感をベゾスが持ち、このOLPで釘を刺そうと思ったのではないかと推測されます。

アマゾンはもともと**学びながら進化してきた企業**です。ベゾスにしても最初から、数十万人もの社員を抱える会社の経営者としての能力やスキルがあったわけではありません。事業を拡大しながら、グローバル大企業の経験者を次々と雇い入れて、トップではあっても年長者や経験者の話に耳を傾け、アドバイスを受けながら、組織作りに取り組んでいったのでしょう。

この結果アマゾンでは、人材が成長すれば会社に必ずいい影響を与えるという考え方に立ち、人材育成への投資を積極的に行うようになったのです。

8

OLPを社内で徹底する

人事評価や人材育成の基準となるOLP

経営理念や行動原則などは、壁に飾ってあるだけでは意味がありません。仕事の中で使われて初めて生きてくるものです。

アマゾンでは、会議はもちろん、仕事のあらゆる場面でOLPの実践が求められます。そして人事評価の項目にも、このOLPの14カ条が取り入れられています。

もっとも、そこには難しさもあります。たとえば人事評価の場で「Think Big があなたの弱みだ」と上司にフィードバックされても、言われたほうは困ってしまいます。視野を広げるために、本を読めばいいのか。セミナーで理論を学んでくればいいのか。もちろん、そういう努力も必要ですが、それだけでは頭で考えているだけなので、なかなか実践に結びつきません。

こうしたときに、より大きな目線で見ざるをえなくなる課題を与えて育成するのが、上司の重要な役割です。たとえば、「よりスケールの大きなプロジェクトを担当させる」「今よりも大きいチームを背負わせる」「大人数を動かす改善活動をさせる」といった機会を設けるのです。

アマゾンのリーダーは、**OLPに沿ってメンバーを評価するだけでなく、そのOLPに沿った行動を強化する、伸ばすためには何をすればいいかも考える**必要があります。

採用基準にも使われるOLP

アマゾンでは、全体を底上げする研修プログラムも行っていますが、基本的に、成長ポテンシャルの高い人材に重点投資をして、力を引き出せるような機会を積極的に与えて伸ばすという方針をとっています。スーパースターを作って、2つ上のレベルの仕事をしてもらったほうが、外から人を採用する手間が省け、組織の成長にも大きく貢献すると考えているからです。

このため、人事評価の会議では、その人のどこが弱く、どこに開発課題があるかを見極め、どんな機会を与えて、どう力を伸ばすかという議論をじっくりと行います。

そして当然ながら、入口でそういう素養のある人材を採用することも重要なので、採用面接の担当者向けに、OLPの各項目を確認するための質問集も用意しています。面接官はそれを使って「**プローブ**」していきます。

プローブとは社内用語で、その人がどういう資質を持っているかを質問で確かめる作業のこと。雪山で雪崩が起きて、誰かが埋まってしまったときに、棒を刺して下に埋まっていないかを確かめるプロービングという言葉に由来します。

こうして適性を見極めて採用された後、現場の仕事を通じて社員にOLPを叩き込むことで、社内の共通言語や共通の価値観として浸透していくのです。

社内イベントに隠された意図

アマゾンでは、内輪でイベントを行うときにも、OLPに沿った行動が要求されます。

たとえば、倉庫部門では、繁忙期のホリデーシーズンが終わった後の慰労会と、社員の家族を呼んでイベントや倉庫内ツアーを行うファミリーデーという、2大イベントが開かれます。

こうしたイベントでは、繁忙期に頑張った現場スタッフや社員の家族が「お客様」です。上司はねぎらう立場にあり、幹事から頼まれれば余興に参加し、言われるがままに踊ったり仮装したりしなくてはなりません。

それを仕切るリーダーに抜擢されるのは、次世代リーダー候補人材で、アマゾン社内ではは大変名誉なこととされています。リーダーは大真面目に取り組み、社内で楽しむだけだからと、アシスタントに適当に任せることはありません。毎年同じ料理で、同じ人が余興をするのではマンネリ化するので、お客様にいかに楽しんでもらえるかを考えて、前年度を超える内容を目指すのです。その結果、新しい試みが毎年行われ、ハードルもどんどん高くなっていくので、幹事役は大変です。

なぜリーダー候補人材にそんなことに時間を使わせるかというと、こうしたイベントは、いろいろな人を巻き込みながら、ＯＬＰを本当の意味で実践しない限り、成功しないからです。そのプロセスで、普段の仕事では見えない、その人の強みや弱みが見えてきます。つまり、単なるお遊びではなく、人事評価の対象にもなっているのです。

したがって、幹事として、どのようにみんなをまとめて、どのように企画を進め、イベントを実施したのか。お客様が帰るときにとったアンケートでどのようなコメントがあり、満足度が何%だったかもすべて報告されます。それを評価者たちは真剣に読み、育成や選抜の参考資料としているのです。

だからこそ、幹事に選ばれることは名誉であるとともに、みんな真剣勝負で臨まざるをえないのです。

CHAPTER 6

我が社の会議、
どこから手を付ける？

会議をスリム化するヒント

会議に対して徹底的に倹約家になろう

大企業では多くの無駄な会議が開かれています。それを見直したり、必要のない人を呼ばないようにするだけで、どれだけ時間が節約されるでしょう。会議の回数を減らせば、労働生産性の向上という点でも大きな効果が期待できます。

パーソル総合研究所が立教大学と共同で行った調査によると、従業員1万人規模で無駄な会議での損失は1社当たり年間15億円にのぼるそうです。会議を開くたびに大変なコストがかかることを、私たちはもっと意識しなくてはなりません。

コンサルタントとしてクライアント企業の会議に出たり、観察する中で、私が強く感じるのが、次のような問題点です。

・やたらに大勢の人が会議に出席している。
・一言も発しない人や、こっそりと内職仕事をしている人がいる。
・メール連絡でも済むような報告ばかりが続く。
・ダラダラと長引き、時間通りに終わらない。
・にもかかわらず大事なことが何も決まらない。

働き方改革や残業の軽減、日本企業の生産性の低さなどを議論するときに、必ず指摘されるのが、無駄な会議が多いことです。

本書のしめくくりとして、会議の数、出席者、会議時間をスリム化するためのヒントを紹介します。

開催回数を減らす

なぜ無駄な会議をしたがる上司がいるのか?

「**自己満足で会議を開いてはいけない**」。これは、私が上司からよく言われてきたことです。

アマゾンにはシステマティックに物事を考える風土がありましたが、「こんなにくだらない会議を開くなんて、本当に暇だな。こっちは忙しいのに」と思うことも時々ありました。

無駄な会議が多い原因の一つとして「会議好きの上司がいる」ことが挙げられます。なぜ彼らは、会議を開きたがるのでしょうか。

一つには、以前は、情報を持っていることが、ヒエラルキーの上位にあり、権威を持っていることの証となっていたからだと思います。つまり会議を開き情報を伝える行為によって、上司が自分の権力を誇示できたのです。情報のやり取りが飛躍的に簡単になり、昔のようなヒエラルキーが崩れている現代で、こうした考えは時代錯誤も甚だしいことは言うまでもありません。

また、上司というものは、とかく興味本位で「これは何なの」と聞きたがるものです。そして、たいして重要でもないのに、「ちょっと話が聞きたいから、みんなを集めて」とやり始め、単なる報告の会議が増殖していくこともあります。

どうしても部下の話が聞きたいなら、ワン・オン・ワンをやるべきであって、上司は会議を自制しないといけないのです。

ところで、もし部下の立場で、上司がいかにも興味本位で会議を招集しているなと感じたときにはどうすればいいでしょうか。そのまま文句を言えば、もちろん角が立ちます。

私の場合、「ちなみに、**今回のこの会議の目的を教えてください**」と聞いてみるようにしていました。何をアウトプットとしたいのかを説明してもらい、それで関係ないと思うときには「そこは私の仕事に絡まないので欠席してもいいですか」と断りを入れるのです。

たとえ相手が上司であっても、効率を上げるために、言うべきことは言うことが大切です。さらに言うと、そもそも上司の興味をそそり無駄な会議を誘発するようなことを敢えて伝えないことも、部下にとっての重要な処世術かもしれません。

「キャンセル可能」のルールを入れる

会議を開くと宣言し、みんなに招集をかけた以上、たいして共有すべきことがなくても、今さら中止にするとは言い出しにくい。今週は何の進捗もなさそうだけど、とりあえず集まって、メンバーがどのように取り組んでいるかを聞いておこう。そう考えた瞬間から、無駄な会議は増殖していきます。

アマゾンには、無駄な会議を強く嫌う文化があります。本来であれば、どこかで適切な意思決定が行われ、正しい選択に沿って物事が動いていく状態ができれば、会議などやらなくてもいい。しかし、それでは、みんなが何を考えているのかがわからない。それぞれの意見を聞いて、それに対して経営的な判断をするために、会議という形態を用いる。会議はそういう位置づけにあるので、アマゾンでは直前にキャンセルになったり、自分が出なくてもいいと思うときは出席を断ったりすることが当たり前に行われています。

不要な会議を極力減らし、必要な会議もタイミングによっては「キャンセルできる」というルールを作っておけば、お互いに妙な気遣いは要りません。たとえば、「前日に確認して、次の日にやるかどうか決めます」としておき、関係者にヒアリングして特に何もなければ、「今週は開催しないので、何かアップデートがあったらメールでお願いします」とアナウンスするだけでよくなります。

おそらく半分くらいの人は、会議なんて面倒くさいと思っているので、その分の時間を解放することで、他の仕事ができるようになります。しかも、その分、残業が減って1時間早く帰れれば、喜ばれること間違いなしです。

重要なのは、**会議をすること自体が目的ではない**ということです。その場で集まって確認しないといけないことや共有しないといけない情報があるから、あるいは、何らかの意思決定をしなくてはならないから会議を開くのです。ただ集まって茶飲み話をして、「今回は何もなかったけれど、引き続き頑張ろう」と言って別れるのは、時間の無駄でしかありません。

このように無駄な会議をキャンセルすることは、トップ層が自ら実践しなくてはなりません。そうすれば、その下の階層もそれに倣い、日々の現場レベルのミーティングでも徹底され、企業文化として定着していくはずです。

「情報伝達会議」はICTツールで代替

メールで全員に配信すれば情報の伝達が終わる時代ですが、いろいろな会社の状況を聞いてみると、意外に回覧形式の文書でのやり取りが残っているようです。「情報伝達会議」を見直す際には、こうしたルーティンも同時に見直すべき対象となります。

たとえば、回覧のうち3割ぐらいは途中で紛失して関係者に回りきらなかったり、責任を持って回覧状況を確認している人が誰もいなかったり、という話をよく見聞きします。連番が振られ、回収したものをすべてファイリングし、きちんと確認するところまでのプロセスが徹底されていないケースも多いのではないでしょうか。そもそもハンコが押されていても、きちんと読んでいるかどうかわかりません。形骸化して慣習として続けているだけなら、やっても意味はありません。

私も前々職のセガで働いていた頃、ただの通達にも紙が添付され、みんながハンコを押す「ラウティング」という形式が用いられていました。年末に大掃除をすると、引き出しの奥に半年以上も前のラウティングが見つかり、こっそり捨てたことが何回かありました。そうやって情報が止まっても大して問題がないなら、やる必要はないなと思ったものです。

今は、わざわざ情報共有や報告系の会議を開かずとも、メーリングリストで流せば、一瞬で終わります。メールすら使う必要はなく、社内通達のサイトを見にいけば、いつでもほしい情報がとれる状況にしておくほうがいいかもしれません。本当に必要な情報であれば、みんな主体的に見に行きます。誰も見ないのであれば、それは不要だということです。

このように、細かなところから見直していくことが、無駄な業務や無駄な伝達会議を減らす一歩になるはずです。

COLUMN

アマゾンでは偉い人でも エコノミークラス?

アマゾンは会議だけでなく、何事につけ「質素倹約」を重視する社風です。社員はみんな倹約精神が旺盛で、無駄なことにお金を使うまいと常に考えます。

たとえば移動するときにも、使わなくていいお金は省こうという考え方が、どの階層にも浸透しています。飛行機に乗るときは、バイスプレジデントでも基本的にエコノミークラス。社長が新幹線に乗るときも、会社の経費で落ちるのは普通車の指定席料金のみ(エグゼクティブの人たちが実際に乗るときは、追加料金を払って新幹線のグリーン車を使ったり、飛行機のマイルを使ってビジネスクラスに切り替えたりしますが、これは全部自腹です)。

イントラネットには、各地から本社に訪問する社員向けに「シアトル空港から乗り合いタクシーを使えば50ドルで来られるので、高額の移動手段は使わないように」といったガイドまで用意されています。会社側はそのように社員に質素倹約を呼び掛け、それが上から下まで徹底されているのです。

2 出席者を減らす

必要がない人を呼ぶと会議は停滞する

アマゾンに在籍中、新規プロジェクトが立ち上がり、上司と私2人で取引先の会社に行ったところ、大変驚いたことがあります。先方はなんと15人もの同席者がいたのです！実際に話を詰める必要のあるのはオペレーション、システム、決済を担当する3人だけ。しかも、なぜか営業所長なども呼ばれていました。

あまりにも人数が多いので、「こんなに出ていただかなくても、本当に必要な方だけで」と言ってみたところ、次回から7〜8人になりました。これぞ日本企業だなと感じたのを覚えています。

関係ない人が出てくることの問題点として、その人の時間が無駄になることに加え、関係のない議論を持ち出され場が荒らされる原因になりやすいことも挙げられます。特に問題なのが、プロジェクトの進捗状況を確認する会議に、ビジネスオーナーの上司がやって来て、いきなりこれまで指摘しなかったことを言い始めたり、偉い人が来たことで、本来のゴールのためではなく、その人に説明するための会議になったりするケースです。

必須出席と任意出席を分ける

会議のオーナーが、自分がやろうとしていることをきちんと理解し、それで誰が影響を受けるのかを理解していれば、余計な人は呼びません。一方で、成熟度が低い人は、とりあえず関係しそうな人は全員呼んでおこうと予防策を取りがちです。

会議でのメンバーの集め方ひとつで、その人の実力が透けて見えてしまうのです。会議に誰を呼べば必要な議論ができるのかは、会議のオーナーがしっかりと考えなくてはならない要素です。

アマゾンでは、オーナーが会議の招集をするときに、**絶対に出席してほしい「必須出席者」とそうではない「任意出席者」を必ず分ける**ようにしていました。

たとえば、実務レベルを担当していて、その人がいないと状況がわからないような場合は、必須出席となります。このとき、何らかの事情でどうしても出られないときは、呼ばれた当人が代理を立てるなど、わかる人を必ず出すよう手配することが暗黙のルールとなっていました。

これに対して任意出席は、「基本的に出なくてもいいけれど、こういう会議を行うことを一応知っておいてくださいね」という意味です。自分で出席する必要性を感じたり、何か言いたいことがあったりする場合は、もちろん出席しても構いません。

ある人に出席してもらいたいけれども、その上司まで呼ぶ必要がない場合は、上司を任意出席にしておきます。これは、自分の知らないところで、勝手に部下の時間を奪うとはけしからんと上司が腹を立てることのないよう、オーナーが配慮すべきところです。余計なコンフリクトが起こらない形で招集しなくてはなりません。

関係部門の誰を呼ぶべきかわからないときには、事前にその部署の責任者に相談します。それで、「この人をアサインするので、お願いします」と言われたら、その人に招集メールを送り、その上司には「CC」を入れるのです。そうすれば、議事録も送付されるので、上司にも状況を把握してもらうことができます。

アマゾンでは**アウトルックを使って会議のスケジュールを管理**しています。その連絡機能を使って、いつどこで会議を行うか、誰に出席してほしいのかを明らかにし、必要であれば資料も添付して関係者に事前に告知します。

アウトルックで他の人のスケジュールも全部把握できるので、出席者のスケジュールの空き状況を見ながらコールします。空き時間に会議をコールしても基本的に拒否されないことになっています。たまたま同時進行で、別の会議と重なるようなときは本人が調整しなくてはなりません。

アウトルックの機能では、「Ｔｏ」で「この会議に出席してください」と呼ばれている人が紫色で、「ＣＣ」で呼ばれている人、もしくは出席表明をしていない人は斜線で表示されます。斜線の場合は、その人が出席しない可能性もあります。自分が開催したい会議にぜひ来てもらいたいときは、会議が重複していても、あえてコールをかけたりします。緊急性の高い会議では、空いていなくてもコールを送ったり、電話して強引に予定を開けてもらうなど、若干の駆け引きもありました。

COLUMN

日本の会議が大人数になる理由

日本企業の会議に出席者が多い理由として、アメリカ企業と業務分担や責任に関する仕組みが違っていることも関係しています。

アメリカ企業では、それぞれの人の職務内容と責任範囲が明確に定義されています。プロジェクトを実行する際には責任者を決め、その人だけで判断できないときに上司に相談することになっています。会議においても、自分だけでは判断しきれないときには、持ち帰って上司に相談すればいいことなので、わざわざ上司に同席を求める必要がないのです。

これに対して日本では、誰がどういう責任を持ってどの仕事をしているのかがあまり明確にされていません。いろいろ人が重なって仕事をするので、関係者をすべて連れてこないと会議が成り立たないこともあります。

こうした背景の違いがあることで、どれほどアマゾン流会議がいいと思っても自社にはなかなか適用できない場合がありそうです。本当の意味で会社を変革するには、会議の仕組みだけ変えるのでは不十分です。会議は仕組みで動きますが、その仕組みを支えるのは人です。人がどのように仕事をするかという土台の部分を見直すことが必要です。

時間を減らす

オーナーはゴールの確認とタイムキーピングを徹底する

会議にかかる時間は、オーナーのファシリテーション力によって大きく左右されます。本題に入るまでに時間がかかったり、議論がずれた方向に行ってしまうことは、オーナーがある程度防ぐことが可能です。

たとえばファシリテーションが下手な人は、会議が始まると、いきなり議論に入ろうとします。アマゾンでは、こうした場合に誰かが必ず「ちょっと待って」と止めて、「この会議のゴールは、何でしたっけ」と言います。91ページで「会議の冒頭で3つのWを確認する」という話をしましたが、最初にゴールを確認しておくと、その会議の本題に早く入れますし、論点がずれていったときに修正がかけやすく、議論が迷走するのを避けられます。

また、これも100ページで紹介したとおり、アマゾンではファシリテーションの際にはタイムキーピングが非常に重要で、会議をずるずる長引かせることは基本的にしませんでした。時間内に議論が終わらなかった場合は持ち帰りとし、終わる時間については誰もがピリピリしていました。

なお、アマゾンでは通常、**意思決定や確認のための会議は、基本的に1時間**で設定します。進捗確認や、次の会議に向けて事前に情報をインプットしておきたい場合は、15分や30分ということも。ブレインストーミングの際にはどうしても時間がかかるので、2～3時間の枠をとることもあります。

会議資料で時間短縮

会議時間の短縮という点では、既に説明した通り、沈黙で始めることや、ナレーティブを用い枚数制限のある会議資料などの細かな工夫も効いてきます。

説明資料をすべて最初に黙読してもらうことで、本来はしなくてもいい質問が激減します。また、箇条書きスタイルでは行間がわからないため、「これはどういう意味ですか?」と確認しなくてはならない場合が多いのに対し、ナレーティブではわかるように説明されているので、これも確認のための質問の削減に役立ちます。

また、1ページャーなどの制限があることで、読む時間が圧縮されます。さらに、付随的な情報はアペンディクスに入れられ、会議資料(1ページャーや6ページャー)には重要な部分だけ整理して提示されているので、論点を絞り込んだ議論にもつながります。

フェイス・トゥ・フェイスへのこだわりを捨てる

無駄な時間を無くすという観点で考えていくと、会議の議論の時間だけでなく、ある会議に出るための移動時間も注視すべきです。実際の会議時間よりも移動時間のほうが長かったのに、重要な議論がされず、出る意味がなかったということはよく起こりがちです。

また、日本では全般的に、対面で集まることが重視され、同席して同じ空気を吸いながらお互い決めたよねと、互いに納得し合うところがあるように感じます。

しかし、日々の通常の会議では、その場に集まって顔を合わせて話し合わないと、物事が解決しないということは基本的にありません。テレビや電話で済むならば、その場に行かないほうがはるかに楽なのは事実だと思います。

アマゾンでは、電話会議か、テレビ会議か、フェイス・トゥ・フェイスの会議かという形式の違いはあまり重視せずに、どこであろうと、そこで決められたことは決められたことだという考え方をします。予算会議などでもテレビ電話でつないで決裁されます。

そもそも外資系企業なので、アメリカ以外の社員はシアトルの本社とのやりとりなしには仕事が進められないという事情があります。

また、私が所属していた部署では、業務の性格上、同じ国内でもあちこちに倉庫やカスタマーサービスが置かれ、リモート環境でオペレーションが行われていました。バラバラの場所にいる人たちを本社に集めて話すのでは効率が悪いのです。このような事情もあって、アマゾンではＩＴ環境、スケジューラー、テレビ会議など、会議を効率的に進めるツールには積極的に投資が行われてきました。

今では、通信技術がどんどん向上し、まるでその場で一緒にいるような感覚で議論できる会議システムやサービスも拡充されています。それを低コストで利用できる今の時代、**フェイス・トゥ・フェイスにこだわらなくてもいい**というのが、私の考えです。

フェイス・トゥ・フェイスの会議に関して、アマゾンで唯一例外があるとすれば、人事の最終評価でしょう。特に、昇進がかかっているときには、なぜこの人を昇進させないといけないかという説明をしなくてはなりません。

こうしたデリケートな話題は、画面越しに話すよりも、直接話したほうが絶対にいいと考えたのか、日本代表がシアトル本社に直談判にいくようなこともありました。

出席頻度を減らす

ポジションとともに会議は増えていく

会議の数はポジションが上がるにつれて増えていく。これはアマゾンでも同じです。たとえば、私がディレクターになったとき、多い日には朝9時に出社してから夜の6〜7時まで、1時間ずつ異なるミーティングでスケジュールが埋まり、下手をすると昼休みまで打合せをしていることもありました。加えて、アマゾンでは年がら年中、採用面接を行っています。アマゾンでは選りすぐりの人材をとるために、なるべく多くの人が候補者と話すよう重視していたからです。職位が上がるほど、ミーティングと面接だけで1週間のスケジュールがほとんど埋まってしまうのです。

このため、私がディレクターになって一番困ったのは、自分で自分のスケジュールが調整できなくなったことでした。アマゾンではアウトルックでスケジュール管理をしているのですが、倉庫を担当していた私は日本中を飛び回っていることが多く、その日、その時間に、自分がどの場所にいるのか。どのタイミングでどの会議に出席できそうかさえ、わからなくなってしまったのです。

そこでアシスタントをつけてもらい、スケジュール管理の問い合わせやスケジュール調整をお願いするようになりました。1つ1つの調整にかかる時間は5分や10分かもしれませんが、その件数が多くなると、ディレクターとして本来やるべき仕事ができません。アマゾンでは、それはディレクターにとって無駄な仕事だと考えます。

会議の数が多くなればなるほど、いかに自分の生産性を高められるか、どれが自分のやるべき仕事で、どれが他の人に任せられる仕事であるかを考えてみる必要があります。

権限委譲すれば会議の出席は減らせる

権限委譲をしない限り、自分の仕事が増えるばかりで、出なくてはいけない会議が増えていきます。すべての会議に常に必須出席で顔を突っ込もうとすれば、自分の仕事が回らなくなって必ずパンクします。

しかし、うまく権限委譲できずに、すべてを自分で抱え込もうとする上司は案外多いものです。その背景にある心理は、権限を与えても、部下が失敗したときに、自分が責任を負うのが怖い。つまり、度胸がないから渡せないのです。

実は私自身も、「権限委譲すればいいのに、なぜやらないのか。お前は度胸がないな」と上司によく言われました。アマゾンのように自由な環境の会社でもなかなか難しいのですから、他の会社であればなおさらでしょう。

部下は責任を持って会議に出席し、そこで意見を言って、仕事を進めるという経験を積むことで成長します。**適度な権限委譲をしたほうが自分にとっても、部下にとっても、会社にとってもよい**ことです。

断る勇気

会議に呼ばれる側の人も、自分が本当に出席すべき会議かどうかを吟味する姿勢が必要です。

優秀な人間や、社内事情や当該分野に詳しい人間は様々な会議に呼ばれることが多くなりがちです。採用面接なども、ぜひ担当してほしいと、頼まれやすい人がいます。それにいちいち応じていると、下手をすれば、それだけで1週間の半分くらい時間が取られてしまうこともあります。

採用活動などは会社としても優先事項なので断りにくいかもしれませんが、会議でも何でも、他の業務で手一杯となり出られないときは、「こんな会議に呼ばれているのですが、他の仕事もあって自分ではこなせないので、別の人をアサインしてもらえますか」と上司に頼んで、代わりの人を出すなどの措置をとることが可能です。然るべき手順を踏めば、「あいつは断りやがって」とはならないはずです。

ちなみに、世の中には「会議好き」も存在します。会議に呼ばれるだけで仕事をした気になっているのですが、それは幻想にすぎません。オーナーは会議の目的を明確にして、なぜこの出席者が必要なのかをはっきりさせるとともに、出席者は出るからにはどれだけアウトプットに貢献できるかという視点を持つ必要がありそうです。

おわりに

企業というものは利益を追求しなければなりませんが、その一方で、利益を重視して顧客を蔑ろにする構図になっている限り、そのビジネスはうまくいきません。

社内に本当の意味で顧客を大事にする考え方が根付いていれば、ビジネス上の判断を求められる場面での選択肢は大きく変わります。より良い意思決定の結果、お客様が幸せになれば、そのビジネスは発展し、企業も成長を続けていけるのです。

アマゾンで開かれる会議の中に、ベゾスが多くの社員に語り掛ける「オールハンズ・ミーティング」というものがあります。その会議でベゾスがアマゾンの10年後の姿について話したことが、私の中でとても強い印象として残っています。

それは次のようなメッセージです。

リテールとクラウドビジネスと、デジタルのビジネスは今まで通り屋台骨である。

しかし1つだけ違うことがある。
今後10年間で、アマゾンが目指してきた顧客第一主義が世の中に認められることだ。
そして、他の会社もそれを本当の意味で実現するようになるだろう。

ああ、これこそがベゾスの求めている世界なのだなと感じました。そして、私もそういう世界を実現させるために、サポートしていきたいと思ったのです。

私が最初に書いた書籍では、アマゾンの取り組みについて網羅的に触れましたが、それはアマゾンが最終的に顧客第一主義を実現するために、どんな考え方で取り組んでいるかを広く紹介したかったからです。その本を読んで「なるほど」と思って共感する人が出てくれれば、同じ方向に進んでくれる人々が少しずつ増え、変化する会社も出てくるだろう。アマゾンの顧客第一主義に共感し、同じ考え方をする企業が増えていけば、結果的にベゾスの目指す世界に近づく一歩になると考えたのです。

今回は「会議」をテーマに本を執筆しましたが、その思いは変わりません。会議を見直すことで、会議そのものの生産性を高めるだけでなく、個々の業務や働き方、企業文化や組織、人事制度など会社全体の仕組みを見直してみるきっかけとなります。そうした改善はやがて、社会が顧客第一主義になることにつながると信じています。

本書では、「パワーポイント禁止」や「1ページャー」など、個別の会議テクニックも紹介してきました。しかしこうした表面的な手法だけではなく、その背後にあるOLPやベゾスの目指す世界もぜひ参考にしていただきたいと思います。

そうすることで自社に適した手法や変革の道筋が見えてくることはもちろんのことですが、ひいては顧客第一主義の世界を築く一助となると考えています。

佐藤将之

【著者紹介】
佐藤将之（さとう　まさゆき）
エバーグローイングパートナーズ代表取締役／事業成長支援アドバイザー。
セガ・エンタープライゼスを経て、アマゾンジャパンの立ち上げメンバーとして2000年7月に入社。サプライチェーン、書籍仕入れ部門を経て、2005年よりオペレーション部門にてディレクターとして国内最大級の物流ネットワークの発展に寄与。2016年、同社退社。現在は鮨職人として日本の食文化の発展に携わるとともに、成長企業での15年超の経験を生かし、経営コンサルタントとして企業の成長支援を中心に活動中。著書に『アマゾンのすごいルール』『アマゾンのすごい問題解決』(宝島社)、『アマゾンのスピード仕事術』(KADOKAWA)などがある。

ブログ　https://ever-growing.biz/

amazonのすごい会議
ジェフ・ベゾスが生んだマネジメントの技法

2020年10月1日　第1刷発行
2024年 5 月23日　第6刷発行

著　者——佐藤将之
発行者——田北浩章
発行所——東洋経済新報社
〒103-8345　東京都中央区日本橋本石町 1-2-1
電話＝東洋経済コールセンター　03(6386)1040
https://toyokeizai.net/

装　丁…………渡邊民人（TYPEFACE）
本文デザイン……谷関笑子（TYPEFACE）
編集協力………渡部典子
印　刷…………ベクトル印刷
製　本…………ナショナル製本
編集担当………齋藤宏軌

Printed in Japan　ISBN 978-4-492-50313-3